苗艳梅 ◎ 著

中国五保供养制度的创新与拓展

基于供养对象需求视角的研究

The Innovation and Development of Five-Guarantees Subsistence Program in China

社会科学文献出版社
SOCIAL SCIENCES ACADEMIC PRESS (CHINA)

序

　　五保供养制度是新中国成立以后较早建立的农村社会保障制度项目之一，它与农村合作医疗制度一起，曾经构成中国农村社会保障的基本制度，并在保证五保户基本生活和基本医疗等方面发挥了核心作用。随着农村经济体制的改革，五保供养制度所赖以存在的集体经济基础发生变化，传统五保供养制度开始面临新的问题，虽然2006年后新的五保供养制度比较有效地弥补了传统五保供养制度的不足，但是，由于农村经济社会的深刻变化，以新型农村社会养老保险制度、农村居民最低生活保障制度和新型农村合作医疗制度为基本内容的农村社会保障制度的建立和发展，尤其是城乡统筹的社会保障制度发展战略的实施，国民福利制度体系和基本社会保障服务体系建设目标的提出等，作为针对农村特殊人群的五保供养制度再次面临新的挑战，也成为农村社会保障制度整合与体系完善的重要环节之一。本书通过对五保供养制度历史进程与环境变化的系统全面研究，给出具有一定深度和新意的研究观点和政策取向判断。

　　五保供养制度开始出现以来始终受到学术界的关注。最初的五保供养制度因其依赖集体经济的支持，于是，该制度的福利供给就自然成为学界和业界关注的核心问题。随着农村经济体制的变化，五保供养制度的集体经济基础开始受到挑战，该制度的福利供给更加成为学界与业界关注的焦点问题。而随着农村社会保障制度建立和发展步伐的加快，五保供养制度的福利供给问题开始有了比较明确的制度规定，但是，制度的规定与现实之间的差距需要不断完善的政策加以弥补，因此，该制度的福利供给问题仍然是学界和业界关注的重点。然而，五保供养制度的核心应是满足五保人群的基本需求，供给的视角固然关键，需求的视角尤为不可忽视。本书在关注五保供养制度的福利供给视角的同时，更加关注从五保人群基本需求的视角进行调查和研究，并因此而提出一些有助于该项制度完善的新观点与新建议。

五保供养制度的基本特征是基本生活保障与基本服务保障的结合，这也是该项制度长期存在并在未来一个时期内难以被替代的重要原因。但是，五保供养制度实施中的基本现实是比较重视基本生活保障，相对忽视基本服务保障。毫无疑问，五保供养制度实践中的这一事实，不符合该项制度的制度设计与目标，而造成这一事实的根本原因之一则是基本社会保障服务资源的不足。事实上，随着农村各项社会保障制度的发展和完善，逐步建立比较完善的基本社会保障服务，不仅成为统筹城乡社会保障制度发展的重要内容，也成为影响五保供养制度未来发展的重要因素。本书在关注五保户基本生活保障需求的同时，也关注五保户基本社会保障服务的需求，并将专业社会工作服务等重要的创新方式和途径等，引入到五保供养制度的完善政策。

本书是在作者的博士学位论文的基础上修改而成的。在本书中，她较好地将其社会学专业背景、社会工作专业经历、社会保障专业研究结合起来，通过大量调查研究，发现许多制度实施中的"特例"，在研究过程中曾有过许多"困惑"，当然也付出了大量心血和汗水，所有这些成就了本书在五保供养制度研究方面的诸多独到见解，使得该书成为近年来有关该制度研究方面的一项有新意的成果。相信本书的出版将有助于中国五保供养制度研究的深化与政策的完善，也期待着作者能在学术研究和更多的方面收获更多的成果和喜悦。

丁建定

2012年初夏于紫菘教师公寓

目录
Contents

第一章 导论 ………………………………………… 1
  第一节 研究的缘起：完善农村五保供养制度的
          重要性和紧迫性 ………………………… 1
  第二节 研究的意义 ……………………………… 7
  第三节 相关文献述评 …………………………… 9

第二章 研究设计 …………………………………… 25
  第一节 本书的理论基础 ………………………… 25
  第二节 本书的基本概念 ………………………… 32
  第三节 研究方法 ………………………………… 34
  第四节 研究样本基本情况 ……………………… 36

第三章 农村五保供养制度的发展状况 …………… 45
  第一节 农村五保供养制度的形成与发展 ……… 45
  第二节 新、旧《农村五保供养工作条例》比较 … 53
  第三节 农村五保供养制度实施的现状 ………… 66
  第四节 小结 ……………………………………… 73

第四章　农村五保对象的经济需求及其保障 …………… 74
第一节　五保对象的"保吃"需求及其保障 …………… 75
第二节　五保对象的"保穿"需求及其保障 …………… 84
第三节　五保对象的"保住"需求及其保障 …………… 88
第四节　五保对象的"保医"需求及其保障 …………… 96
第五节　五保对象的"保葬"需求及其保障 …………… 106
第六节　五保对象的"零花钱"需求及其保障 ………… 108
第七节　小结 …………………………………………… 112

第五章　农村五保对象的非经济需求及其保障 ………… 117
第一节　五保对象的照顾需求及其保障 ………………… 118
第二节　五保户的精神需求及其保障 …………………… 129
第三节　五保户的自主性需求及其满足状况 …………… 149
第四节　小结 …………………………………………… 159

第六章　完善农村五保对象社会保障政策的思考 ……… 160
第一节　五保供养制度中保障主体的地位及作用 ……… 160
第二节　五保供养工作中的相关制度 …………………… 169
第三节　建立五保供养制度的评估指标体系 …………… 177
第四节　五保供养制度不宜纳入农村低保制度 ………… 179
第五节　五保供养制度供给与五保供养对象需求保障的
　　　　　 合理协调 ………………………………………… 184
第六节　社会工作者在五保供养工作中的作用 ………… 185

第七章　本书的结论与不足 ………………………………… 188
第一节　本书的主要结论 ………………………………… 188

第二节　本书的不足…………………………………… 191

第三节　研究的展望…………………………………… 192

参考文献………………………………………………… 193

附录1　访谈提纲………………………………………… 202

附录2　农村五保供养工作条例………………………… 205

附录3　农村五保供养工作条例………………………… 211

后　记…………………………………………………… 215

第一章 导论

第一节 研究的缘起：完善农村五保供养制度的重要性和紧迫性

一 问题的提出

任何社会都有一小部分社会成员不具备自给自足的能力，例如孤儿、残疾人、年老无依的长者等。他们是人类历史上长期存在、也是跨文化存在的弱势群体，所以每个社会都有责任制定一套满足他们实际需要的方法并逐渐形成一种稳定的社会制度。在工业革命以前，这种责任主要是由家庭、家族、邻里、社区以及各种宗教组织、民间团体等承担。工业革命之后，政府开始加强保障这一群体的责任。现代西方国家为本国居民建立了普遍社会保险制度。社会保险基金的来源主要是由企业主和雇员共同缴纳的税费，以及部分政府拨款。保障对象包括丧失劳动能力、没有生活来源、无依无靠的社会成员。在我国，新中国成立后，这一群体开始作为一个整体出现，且拥有了一个明确区分于其他弱势群体的"特有"称谓——"五保户"或者"五保对象"。五保对象所指称的是无劳动能力、无生活来源的社会成员，主要是无依无靠的老年人以及小部分孤儿和残疾人士。

为了满足社会生活中的现实需求，真正从制度上保障农村最困难群体的基本生活，满足他们最基本的生存需求，从20世纪50年代开始，我国逐渐建立了针对农村无劳动能力、无经济来源、无依无靠成员的保吃、保穿、保住、保医、保葬为内容的社会救助制度，实现了对农村社会中"无经济能力、无生活来源又无法定赡养、抚养、扶养义务人，或者其法定赡养、抚养、扶养义务人无赡养、抚养、扶养能力的老年人、残疾人或者未满16周岁的未成年人在吃、穿、住、医、葬等方面给予生活照顾和物质帮助的一项农村社会救助制度"（国务院，1994；国务院，2007），即五保供养制度。五保供养制度的出台改变了过去对这一群体实施救助的民间性、随意性、一般性和恩赐性，从而形成了一项长期的特殊的制度性保障。

保障五保对象的基本生活是我国社会救助政策和农村社会保障制度的重要内容。作为中国农村地区最低的社会安全网，五保供养制度的实施对于保障五保对象的基本生存和维持社会稳定起到了重要作用。五保供养制度的建立和实施，对解决农村特殊困难群体的基本生活，保障这一群体的生存和发展权利，提供了政策依据。但是由于农村经济发展水平不高、社会经济结构调整等因素，各地对五保对象的供养标准参差不一，缺乏一个全国性的法律法规来保障该群体的实际权益。尤其是伴随着社会转型、经济环境和农村人口结构的变化及税费改革的进行，新中国成立后逐步建立并发展起来的农村五保供养制度及其具体工作实践面临一系列问题。例如五保供养制度自身存在的五保对象界定困难、程序繁琐、责任分工不明确等问题以及五保供养工作具体实施中面临的资金筹集困难、应保尽保率低、供养标准低、供养内容不全、集中供养率低等问题，使得原本作为农村社会保障制度第一面旗帜的农村五保供养政策并不能保证五保对象基本的生活保障。为了解决五保供养政策制定及实施中的各种问题，五保供养制度改革势在必行。

2006年3月1日，国务院颁布实行新《农村五保供养工作条例》（简称《条例》，下文同），同时废止1994年颁布实施的旧《农村五保供养工作条例》。新《条例》实现了五保对象的生活救助由集体内部互助为主向政府提供社会救助为主的根本性转变，成为我国第一部规范农村社会保障工作的行政法规。新《条例》将农村五保对象纳入财政供养，从资金来源、申请程序、管理监督、法律责任等方面进一步作出明确规定，标志着我国农村五保供养制度实现了历史性变革。但是，社会政策与法规从文件制定到服务传递是一个比较复杂的过程，会受到诸多因素的影响。新《农村五保供养工作条例》颁布实施以来，其相关规定能否真正在农村基层得到落实、基层对于新条例的可行性操作是否存在困难等问题都需要进一步调研和探讨。

正是带着这样的疑惑，笔者调查了四川、湖北两省的某些福利院和村庄，对在福利院集中供养和居家分散供养的五保对象进行了访谈，同时也访谈了部分福利院的管理人员和负责五保供养工作的村干部，侧重了解五保对象当前生活保障程度，当地五保对象的标准确定和审批程序，各地的应保尽保率和五保供养标准等问题。

二 完善五保供养制度的重要性

完善五保供养制度是尊重人的基本生存权的体现。如果排除意识形态、政治、阶级、国别等因素，社会保障的起源和发展，纯粹从抽象意义上讲应该是尊重人的自然本性和人的基本生存权利。人的自然本性，即 Natural Right，通常译为"天赋人权"，指的是自然界生物普遍固有的权利。自然权利源自于古希腊哲学的自然法理论。文艺复兴以后逐渐发展成为西方政治和法律的重要议题。诸多思想家例如荷兰的斯宾诺莎，英国的霍布斯、洛克，法国的伏尔泰、狄德罗、卢梭等都对这一思想进行了重要的发展。例如英国哲学家洛克（1997）在《政府论》中对"自然权利"作了界定："人们……生来就享有自然的一切同样的有利条件，能够运用相同的身心能力，就应该人人平等，不存在从属或受制的关系……人们既然都是平等和独立的,任何人就不得侵害他人的生命、健康、自有财产"。通常人权包括生命权、自由权、财产权、尊严权、获助权和公正权等内容。

在所有关于人权内涵的讨论中,不可否认排在第一位的是人的生存权。因为人类只有获得基本生存,才能进行其他的生产活动和社会活动,其他权利的实现才成为可能。能够给居民提供生存权保障的只能是具有绝对权威的国家,"因为任何时代、任何国家,只有政府才具备向公民提供生存权保障的资源和条件"(邓大松、林毓铭、谢圣远等,2007)。

五保对象长期以来一直是我国社会结构中的弱势群体,对这一群体的生活照顾在历史上呈现出不同的形式,个人、家庭、宗族乃至政府都有不同程度的参与。根据《周礼》记载可以看出当时设置的某些官衔就是专门负责对这一群体的社会救助,例如"大司徒"一职,其职责范围就包括救济孤寡和实行荒政;"遗人"具体负责日常及灾荒时的救济与施舍;其他如"旅师"、"遂人"、"族师"等基层官吏,其工作是查明老幼残疾情况,并据此施惠、散利、均役。南北朝和隋唐时期,设置了专门收容孤老贫病的机构。北宋时,逐步建立起一系列慈善机构,如福田院、居养院、安济坊、慈幼局、养济院、漏泽园等,专门收容孤老病残者和街头乞丐,由官府按月拨给每个人一定的钱米绢布。

除官办的慈善机构外,也有民间的自救与互济,尤其是中国传统中基本的社会单位——宗族发挥了重要的作用。宗族主要是通过调节同宗同族者的财富,利用富有者的私人捐赠,来照顾本宗族中的贫病无依者,以保持本宗族的稳定延续。此外也有些个人化行为,例如一些士大夫或富裕之家自愿捐献财物救济贫病无依者。明朝、清朝及民国时期,对这一群体的政府保障和民间保障均得以延续和改善。总之,我国历史上各朝各代对鳏寡孤独的照顾抚恤既有政府参与的慈善救济活动,同时又依靠宗族(例如义庄)和地缘(例如各地会馆)来施行,还融合了大量儒释道教因素。对鳏寡孤独贫病者的社会救助在漫长的历史时期一直没有界限分明的户籍制限制，也没有城市与农村的地域之分。新中国成立之后，城乡二元结构出现，城市与农村对无生活来源、无劳动能力而又缺乏抚养、赡养等支持的弱势群体（也称为"三无"群体）有不同的安置。在农村普遍建立了五保供养制度。

五保对象是社会救助制度中的传统目标群体。无论五保对象陷入贫困、生活无依的原因是社会原因、自然灾害或是单纯的个人原因，作为一名社会成员，当他丧失劳动能力的时候，他的生命权、生存权并不能被剥夺，政府以及社会各界应该给予他最起码的生活保障。因此，建立和完善五保供养制度是尊重人的基本生存权利的体现。

五保供养制度是我国农村现代社会保障政策的起点和基石。社会保障制度与经济社会条件之间的关系密切，尤其是经济发展水平决定了社会保障产生的条件、范围、形式和内容。我国五保供养制度的出现与当时的物质、社会和政治条件是分不开的。在物质并不富裕的时代，建立起集体经济对五保对象基本生活的保障制度具有划时代的意义。这是我国农村现代社会保障历史上最早也是最基本的制度，在实践中发挥了重要作用。一方面，生产资料公有制为五保供养制度提供了物质上的保证；另一方面，集体主义、互帮互助的社会主义价值观为五保供养制度提供了人力上的支持，因此，五保供养制度不仅保证了农村最困难群体的基本生活，也倡导了尊老爱幼的社会和谐风气。随着社会的进步，生产力有了较大发展，国家和地方政府有一定能力支付五保供养资金；而随着社会经济体制转变，原有的五保资金来源不畅，难以保证五保对象的实际生活，出现五保标准过低、应保尽保率低、五保内容不全等问题。五保供养制度亟待改革。无论社会福利、社会保障政策如何改革，对该群体提供基本生活保障应该是其不变的主题之一；只有做好对最困难群体的基本保障，在此基础上建立起覆盖城乡的社会保障体系，进一步完善我国的社会保障政策。

三　完善五保供养政策的迫切性

五保对象的生活现状要求进一步完善五保供养制度。五保供养制度建立初期，生活在农村的最困难群体的基本生活得到了一定保证。随着政治经济体制变革和农村社会经济状况的变迁，尤其是集体经济的瓦解，五保对象的生活逐渐陷入困境。虽然国家制定了相关文件和条例，规定了五保供养资金的解决来源，但是五保对象基本生活保障力度却逐渐变弱。很多地区五保内容只能做到"保吃"和"保穿"，而且保"吃"甚至难以果腹，保"穿"仅能蔽体。五保对象住房条件全村最差，医疗更是难以得到任何保证。2006年3月经过民政部的系列调查研究之后，国务院颁布了新的《工作条例》，逐步完善了五保供养制度。其中最重要的变化是将五保供养资金由集体经济支付变为由国家和地方财政支付，从根本上保证了五保供养资金到位。新《条例》实施之后，考察五保对象的基本生活需求能否得到满足，是否出现新的需求，这都要求五保供养制度进一步的完善。

完善五保供养制度是建立城乡一体化社会保障体系的要求。农村五保供养制度是当前农村社会保障体系的重要内容，进一步完善五保供养制度对于促进农村社会保障体系建设和推进城乡一体化，具有重要意义。我国农村社会保障事业在新中国成立后的长期实践发展中，除《农村五保供养工作条例》对五保对象的基本生活保障予以规定之外，农村其他社会成员的社会保障均缺乏相关法律支持，这给农村社会保障的发展带来一系列问题。要使农村社会保障发展规范化，建立与农村经济社会发展相适应的具有现代意义的农村社会保障体系，就必须制定一系列适应我国农村实际情况的社会保障法律法规。这些法律法规的建立首先要考虑到农村最困难群体即五保对象的利益，应该在完善五保供养制度的基础上，建立农村社会保障体系，并进一步建立城乡一体化的社会保障体系。巩固完善农村"五保"供养制度，切实保障农村最贫困人口的基本生活，是着力构筑的农村社会保障体系最基础的要求，是最低端的一道保障线。

建立农村最低生活保障制度是现代社会保障制度的发展趋势，但是五保供养制度不能被取代。在当前的社会政治经济条件下，如果五保对象被纳入农村最低生活保障制度，即使与新农村合作医疗制度相结合，再配之以农村养老保险、教育救助、医疗救助等制度，也势必会造成对五保对象的生活保障出现倒退。尽管这一措施可能会鼓励五保对象年轻时候增加储蓄，个人加入社会保险等，但是对于一些早年或先天失能的残疾人、无子女的老年人等无劳动能力的群体而言，"注定"他们只能在最低生活保障的贫困标准线边缘挣扎。因此将五保对象纳入农村最低生活保障制度不能切实保障五保对象的生活，因为农村低保的财政保障体制难以确保五保对象足额供养，而且五保供养政策在性质上是社会救助制度，在社会保障体系中具有优先与核心的地位。因此五保供养制度亟须完善，但不是被低保制度取代。

第二节 研究的意义

五保对象是我国农村困难群体中最缺乏生存能力、最需要照顾的弱势群体，为他们提供"保吃"、"保穿""保住"等基本生活保障是具有中国特色的农村社会保障体系的重要组成部分。虽然诞生于20世纪50年代的五保供养制度，受到我国政治经济体制变革的影响和农村社会经济发展水平的制约，在发展过程中曾出现一些不足，但是五保供养制度实施对于保障我国农村绝大多数鳏寡孤独残疾人的基本生活及维持社会稳定也发挥了积极的作用。随着社会发展水平的不断提高，农村五保供养制度必将迎来新的变革与完善。回顾总结五保供养制度建立以来的发展变迁和经验教训，并在此基础上提出进一步完善五保供养制度的建议，对于当前构建适合我国国情的农村社会保障体制，保证农村经济可持续性发展，促进农村和谐社会的建立具有重要意义。

农村五保对象的供养工作是中国农村社会救助的基本内容，是具有中国特色的农村社会救助政策体系的重要组成部分，是农村最基本的社会保障制度和最基本的社会福利服务，是农村地区最后的"社会安全网"。五保供养工作的成效直接反映了农村社会福利事业的水平。其制度化建设不仅对五保制度本身的完善和实施意义重大，对农村社会保障制度的建立与完善也将起到极大的借鉴作用。因此对农村五保供养制度的研究具有较强的理论意义。

农村五保供养制度研究主要是为了解决农村社会中客观存在的特殊贫困群体的生存问题而提出的制度化对策，它直接关系到政府形象和社会稳定。如果在经济持续发展现状下，农村最困难群体的基本生活不能得到保障，必然会导致社会成员对于政府的批评、不信任乃至发生矛盾。五保供养工作还会影响到农村人口与计划生育工作的推进，对于解决当前农村实际存在的人口老龄化及社会养老方式的变迁等具体社会问题，建设社会主义新农村和促进农村社会良性运行与协调发展都具有重要的现实意义。

"需求"是社会科学的基本概念之一，需求评估也是制定政策法规的起点。研究需求时常常强调应"以人为本"。本研究希望通过对五保对象的调研，摒弃固有的"专家"本位态度，而是以政策客体，即政策实施之后的受助者五保对象为本，切实了解五保对象的独特需求与期望以及因应他们自身需求采取的策略，探讨满足其需求的途径，反思政策实施中的不足与限制，对完善中国特色的农村社会救助制度尤其是五保供养制度，能够起到一定的借鉴意义。五保对象的需求及其保障状况直接关系到中国农村五保供养政策的执行，关系到农村社会工作尤其是农村贫困群体的发展，希望能够结合五保对象的需求进行实践操作的可行性评估，对社会保障制度实践层面的工作介入方法、内容等提出建议。

第三节 相关文献述评

学术界对五保对象的相关研究主要集中在社会学和社会保障两个学科领域，主要聚焦在五保对象供养政策和实施现状方面。其中社会学专业多是建立在实证调查的基础上，分析五保对象的生活状况，提出进一步完善相关政策的理论反思；社会保障专业通常运用文献分析的方法，从制度层面出发，阐释五保制度的发展、完善与未来发展趋势。社会保障领域的多数学者认为建立更完善的农村最低生活保障体系是解决农村五保对象基本生活问题的根本对策和未来发展趋势。

社会学和社会保障这两个学科的研究者对五保对象的研究有一些共同性的认识，主要集中在两个方面：一是认为"五保对象的真正问题就是经济需求的满足"这一潜在假设，因此研究内容多是五保供养内容能否保证五保对象的基本生理需求；二是认为五保对象的需求满足途径主要是政府支持与政策实施，主张政府是保证五保对象需求满足的强大后盾，应该由政府承担主要责任。由于这两个基本预设的存在，对五保对象的研究集中在他们的生活状况如何，如何加强政府责任，例如纳入国家财政体系，颁布法律法规保证制度实施等方面。

一 关于五保供养制度的性质认识

关于五保供养制度性质归属的争论主要集中在"社会救助"和"社会福利"两个概念维度下。究竟五保供养制度属于社会救助的范畴，还是一项社会福利，研究者有不同的看法。其观点概括起来主要是以下三种：

第一种观点是认为五保供养制度属于社会救助的范畴。多数学者持此观点。他们认为五保供养制度是我国社会救助体系的重要组成部分（李瑞德，2007；杜开宗，2009；洪大用，2004；高鉴国，黄智雄，2007；常明明，2006；苏振芳，2001；郑功成，2008）。例如苏振芳的著作《社会保障概论》，在对社会救助、社会福利等概念进行剖析后，把农村社会救助分为农村贫民救助和农村五保供养两大类。洪大用在其著作《转型时期中国社会救助》中认为，目前我国针对农村贫困居民的生活救助大致可以分为三类：一类是本研究的对象即五保供养，其救助形式主要包括集中供养和分散供养两种；第二类是农村居民最低生活保障，这是20世纪90年代中期以来带有方向性的农村社会救助改革的产物，主要是在家庭人均收入低于一定标准的农村贫困居民提供基本的生活救助；第三类是所谓的"农村特困户救助"，主要是在当前还没有开展农村居民最低生活保障工作的中西部地区实施，一方面大力扶持有劳动能力的贫困户发展生产，促进自立；另一方面是对缺少劳动能力或者不具备扶持条件的农村贫困对象由国家和集体给予救助和补助。郑功成认为农村五保供养制度是传统的农村救助制度，它和最低生活保障制度、城市生活无着的流浪乞讨人员救助制度、医疗救助等制度一起成为中国社会救助改革的关键事件。

第二种观点认为五保供养制度属于社会福利。部分研究者指出农村五保供养制度从本质上讲是一种社会福利制度。主要原因如下：首先，五保对象是一个特殊群体。五保对象和低保对象相比，五保对象基本上丧失了劳动能力，缺乏家庭亲属等非正式社会支持系统，例如缺少配偶、子女等直系亲属，而且同居人口少。没有劳动能力、没有亲属支持就排除了五保对象在正式的社会保障制度之外获得稳定生活来源和支持的可能性；同居人口少甚至是单独居住，排除了五保对象因家庭规模较大，减少生活消费支出的可能性。其次，五保供养制度如果是一种社会福利制度，意味着不需要调查五保对象的生活来源和收入等生计状况，不会给五保对象造成一定的心理压力和社会排斥感。再次，五保供养是一种社会福利制度，可以激励五保对象发展自助能力，未雨绸缪，增强储蓄意识，一定程度上能够避免社会救助制度中可能存在的"储蓄陷阱"等问题。最后，在五保供养制度的具体实施中，五保对象中的未成年人，即孤儿的供养，实际实行的是社会福利制度而不是社会救助制度（贡森等，2004）。有学者在分析五保供养制度的具体实施后，认为五保供养实际上是针对无依无靠、无劳动能力者的一项社会福利制度而不是救济制度，尤其是表现在五保对象的界定标准上，即不管五保对象的资产状况和收入差异，只要符合无依无靠和无劳动能力，都可以享受这一福利待遇。应该说，"长期以来，五保供养工作以一种几乎举世无双的'国家强制下的社区福利'模式运作"（顾昕、降薇，2004），"我国现行的农村五保供养制度是一项既有法律支持，又有经费保障的农村社会福利制度"，并且随着五保供养资金融资渠道的改变，"农村五保供养制度已经由集体福利转变为一项由国家财政支持的社会福利计划"（张秀兰、徐月宾，2004）。

  第三种观点认为五保供养制度既是一种社会福利制度，同时也是一项社会救助，是带有社会救助性的福利。1994年《农村五保供养工作条例》将五保供养工作定位为农村的集体福利事业，这一定位符合当时中国的社会经济实际情况；同时农村五保供养工作带有社会救助的性质，尤其是集体经济时期我国的五保供养实际上是农村集体经济对农村最困难群体开展的一种救助性的社会福利。五保供养制度是我国互助互济、救助鳏寡孤独等弱势群体的传统惯习，新中国成立后随着农村集体经济组织的产生逐渐形成，以集体经济组织为依托，运用社区的资金和人力资源解决这一群体的生活来源和照顾等问题。集体经济组织具有生产资料公有制特点，因此应该保障其成员的基本生活。作为集体经济组织中的一员，五保对象在面临生活困境时有权利获得集体组织的正式支持。此外，当时的五保供养工作与当时的经济状况是相适应的，因为当时依靠国家或者五保对象自身力量解决五保对象的基本生活问题存在较大困难。

我国《宪法》规定："中华人民共和国公民在年老、疾病或丧失劳动能力的情况下，有从国家和社会获得物质帮助的权利。"我国农村社会救济制度的基本对象是农村困难户，五保对象是农村困难户中的特殊群体，也是最贫困而且缺乏能力再生性的社会群体，从国家责任角度看，五保对象应该得到国家救助。尤其是边远贫困地区、灾区，社会成员的生活并不富裕，一定程度上还要依赖国家救助，完全依赖社区和地方力量保障五保对象的生活有较大困难，因此国家应给予必要的救济。从这一意义上讲，五保供养制度的实施本身就带有部分社会救助的特征。2006年新的《五保供养工作条例》颁布之后，进一步明确了国家的责任，尤其是财政支持，更体现了社会救助的特征。农村五保供养是中国农村社会救济工作中的一个特殊的、也是一个重要的组成部分，它既有社会救济工作的特征，又是农村集体福利事业的一部分（全根先，1999；余福等，2003）。因此救助性社会福利服务制度的保障对象一般都是城镇"三无"人员（即没有劳动能力、没有生活来源、没有合法的义务赡养人、抚养人或扶养人）和农村"五保"对象（多吉才让，2001）。

对五保供养制度的性质存在不同认识主要是因为"社会救助"和"社会福利"的概念界定在学术界并没有统一认识。通常情况下认为社会救助是指社会成员因有自然灾害、意外事故和个人生理、心理等原因导致不能维持最低限度的生活水平时，由国家和社会有关部门依法给予一定的物质或资金扶助，以使其基本生活得到保证的一种社会保障制度。社会救助制度是社会保障制度的重要组成部分，不仅是整个社会保障体系中的支柱性制度安排，而且是解决国民生存危机、维护底线公平的基础性制度安排。它的目标群体通常是由贫困人口与年老、残疾等不幸者组成的生理性脆弱群体，主要的服务方式是提供款物救济和扶助，保障受助者的基本生活。1965年美国出版的《社会工作百科全书》中界定"社会救助是社会保险制度的补充，当个人或家庭生计断绝急需救助时，乃给予生活上的扶助，是在整个社会保障制度体系中，最富弹性而不受拘束的一种计划"（邓新华、袁伦渠，2007）。可见社会救助是社会成员面临生计压力时从国家和政府处获得的一项无偿的经济资助，是单向的、临时的、带有一定随意性的物质层面的帮助。

社会福利可以分为广义和狭义两种，广义上讲社会福利包括社会保险制度、社会救助制度与公共福利制度等多种内容，涵盖了社会成员心理、教育、心智、情绪、精神和经济上的各种需要，"是现代社会中政府职能的重要组成部分，它通过立法途径规定国家、企业和个人之间的权利和责任关系，筹集和发放社会福利基金，从而对国民因各种社会原因或特殊个人原因所导致的无收入或者收入中断情况提供生活保障"（丁建定，2009）。但是在我国具体制度中，社会福利往往成为具体的社会保障制度之一，主要是针对老年人、妇女、儿童、残疾人与城镇职工所提供的相关福利，是指社会各界（包括企事业单位）提供的各种福利性补贴和举办各种福利事业的总称。本书是指广义的社会福利范围。旧《条例》规定五保供养制度是一项"集体福利事业"。事实上，对农村五保户的供养是为了保障他们的基本生活，所以带有社会救助的性质，也具有广义的社会福利的特征。

二 现行农村五保对象供养模式分析

农村五保供养模式的选择直接关系到五保对象的需求满足状况，尤其是衣食住行等基本需求的满足状况。关于农村五保供养模式一直是学者和政策实施者共同关注的焦点。2006年新《农村五保供养工作条例》第四章"供养形式"中明确规定："农村五保供养对象可以在当地的农村五保供养服务机构集中供养，也可以在家分散供养。农村五保供养对象可以自行选择供养形式"，见附录2"集中供养的农村五保供养对象，由农村五保供养服务机构提供供养服务；分散供养的农村五保供养对象，可以由村民委员会提供照料，也可以由农村五保供养服务机构提供有关供养服务"（国务院，2006）。

按照《条例》，五保供养对象可以自主选择集中供养或分散供养方式，因此在具体实践中我国农村五保供养方式也主要是集中供养和分散供养两种模式。这两种模式各有利弊，选择不同供养模式的五保对象需求满足和生活状况也有较大差异。因此除集中供养和分散供养之外，还有试图规避这两种供养方式的缺点、发挥其优点的"五保村"这一折中模式。总之，五保供养模式主要有三种形式：农村福利机构的集中供养模式，在原居住地分散供养模式与五保对象相对集中又不脱离原村庄的"五保村"形式。

（一）集中供养

集中供养是指在有条件的市区、县乡以及民族乡、镇兴办福利院，五保对象在福利院中生活，接受供养的居养方式。由于集中供养方式是较多地方政府实践中提倡的方式，而且集中供养的五保对象作为研究对象取样便利，因此学者们对集中供养五保对象的研究较多，研究聚集在该居养方式的利弊分析，用实证调查的方式分析集中供养五保对象的生活质量等方面。其中不乏对五保对象实施集中供养策略的拥趸者，他们对提高五保对象集中供养率表示更多的赞同（李巨开等，2005；李本公，2007；李宗金等，2005；周明政，2005；袁国清，2005；刘宇平，2005；刘泽选，2007；赵世宇、魏峰，2003；项为民、陈伟极，2004；鲁延宏，2008）。该研究群体主要是具体的实际工作者，多是发表在当地报纸或《中国民政》等杂志上。还有的研究者是通过实证调查的方式，在总结五保供养工作的现状时，往往将集中供养率低作为主要"问题"之一，相应地在对策讨论中也会增加"提高集中供养率"的政策建议，甚至主张将集中供养率提高与工作人员政绩挂钩，纳入考核评优机制（姜建才，2005；洪大用等，2004；袁长春、喻兆安；2004；张文兵，2007；汤丽丽，2007；黄岩、戴黍，2008），因此这些研究的潜在假设是"集中供养是更好的五保供养方式"。

集中供养是我国多数地方政府推崇和鼓励的方式。有些研究者认为无论是从解决五保对象基本生活需求的角度，还是从满足他们精神需求的角度考虑，集中供养都是比较适合五保对象尤其是五保老人的供养方式。因为福利院通常按规定配置了符合一定标准的硬件设施，配备了专门的管理人员和护理人员，能够更好地给予五保对象一定的物质保障，满足他们被照顾的需求。集中供养的主要优点表现为：集中供养能够促使供养内容较好地落实；供养标准高、服务质量好，对于需要日常照顾的五保对象能够实现统一照顾；相比分散供养，集中供养由于同居人口较多，供养人数超过一定规模后，可以节省生活照料费用，一定程度上降低了生活成本；能够在福利院形成规模经济；五保对象之间可以互帮互助等（李春根、赖志杰，2009；程文娟，2007；顿耀斌，2006；马会军，2007）。

例如浙江省是我国较早提出并推进集中供养五保对象的省份之一，在全国率先将城乡孤寡老人全面纳入集中供养。他们认为将五保对象在福利院等机构养老的集中供养应是最适合五保对象的养老方式，也是政府帮困救助的重要体现。至2006年底，浙江省共有农村五保对象49523人，得到集中供养的有45748人，全省农村五保对象集中供养率达到92.4%，农村福利院成为集中供养的主要场所。此外，湖北省2003年初实施了以乡镇农村福利院集中供养五保对象为主体、分散供养相结合的"福星工程"，目标是通过加强福利院建设，在全省基本实现五保对象集中供养。

集中供养成为多数地方政府大力推进五保供养工作的首选方式，"集中供养率低"常被视作五保供养制度中存在的问题之一（洪大用等，2004；程文娟，2007）。为了改变这一状况，有研究者提出应当将集中供养率的提高与干部考核制度和业绩挂钩（周明政，2005；刘光建、姚志，2002），因此也有部分省市县乡考核五保供养工作的主要标准之一是集中供养率的达标。例如江苏某县民政局根据福利院的现有床位和拟增加的床位数对各镇下达集中供养率指标，年终考核时不能完成和达标的乡镇综合奖一票否决，农村五保集中供养率指标列入县政府对各镇新农村建设的考核内容之一，同时将集中供养率达标与对该镇的经济扶持挂钩，在安排项目资金时对领导积极性高、资金配套能力强、五保集中供养率高的镇优先考虑（顾定洋，2006）。过分强调集中供养率，一定程度上忽视了五保对象的基本自决权，仅仅考虑五保对象共同的生理需求等普遍性特征，完全否定了他们的差异性需求。这一做法从根本上违背了新《五保供养工作条例》中规定的五保对象"入院自愿，出院自由"的宗旨。

集中供养模式在具体实践中具备了部分研究者提出的供养内容全面、供养标准高等优点，但是也存在一定的弊端。新中国成立后建立福利院的初衷是集中供养那些生活不能自理的五保对象，但由于工作人员的缺乏等原因，实际上难以保证对五保对象的日常生活照料。而且入住福利院的五保对象通常都会离开自己长期居住的村庄和朝夕相处的村民、亲友，因此五保对象的入住意愿不高。另外集中供养的缺点还表现在如下几方面：投资大，管理成本较高，福利院的开支缺口较大；福利院的集体生活可能迫使个人改变原有的生活习惯，使五保对象丧失生活自主性；相对隔离的物理环境造成五保对象的社会参与程度低；五保对象由于生理机能的衰退，生病乃至死亡的情景在福利院的出现频率较高，会给供养的五保对象带来一定的心理压力。

（二）分散供养

分散供养是指不改变五保对象的居住地和居住环境，由政府筹措资金或生活物资，以保障他们基本生活的供养方式（毛绍烈，2003）。据民政部救灾救济司统计，2009年全年共对167.9万五保人员实施了农村集中供养，对386.4万五保人员实施了农村分散供养，可见在实际生活中分散供养人数占五保对象总数的70%，分散供养模式依然是五保供养的主要模式。

从新中国成立到2006年，根据五保对象的五保资金来源途径，可以将我国五保供养中传统的分散供养模式分为四种类型：一是村供村养，即五保对象的基本生活由所在村、组统一保障；

二是村供亲养，即五保对象所在的村、组每年为五保对象提供一定的现金形式的生活补助，粮食则从五保对象名下的责任田中解决，或由五保对象自己耕种，或委托其他亲友代为耕种，或者出租给其他村民；三是亲供亲养，亲供亲养还可以具体划分为两种形式：一种是亲友代养，亲友可能想继承五保对象的宅基地或房屋，与村集体签订协议，主动要求代养五保对象；另一种形式是以田代保，无论五保对象是否具有耕种能力，村、组会按照相关规定分给五保对象一份责任田，所有保障都由责任田产出；四是临时救助制度，将五保对象列为每年的传统社会救助对象，依靠每年政府发放的救济金提供保障（景天魁等，2004）。以上四种形式在2006年实行新的《农村五保供养工作条例》之后发生了较大变化，因为五保供养资金纳入地方人民政府财政预算，中央财政对财政困难地区给予适当补助，同时五保对象的土地和个人财产由五保对象按照宪法精神自由支配，将土地交由他人代耕的收益归五保对象所有，而不是用作保障生活来源的抵押物。

不少五保对象抱持"金窝银窝不如自己的穷窝"的传统思想和对生活所在地的熟悉与眷恋，他们更愿意居家生活而不是入住福利院，但是对他们而言各种需求的满足存在较大障碍。通常选择分散供养方式的五保对象具有较高的生活自理能力和较强的自主性，但是分散供养五保对象的生活状况通常并不乐观。不过对此的主要调查数据多是2006年之前的，新《五保供养工作条例》颁布以后的调查研究较少。归纳起来，分散供养五保对象的生活状况主要表现为：第一，五保内容实现程度不同。分散供养五保对象基本能够保障吃饭问题，身体健康的人员能够自己种菜，有一点收入来源的人员可以偶尔吃上荤菜；保穿方面，除了自己添置衣物外，五保对象需要政府救济的补充；保住方面相对较差，五保对象的住房通常是砖瓦结构，由于他们自身没有能力和动力改变自己的住房状况，通常其住房是当地居民中最差的；保医相对最难以落实，保葬内容的落实也不容易，主要靠民政部门补助，村干部和亲友的支持；对未成年孤儿的保教由于实施了"两免一补[①]"的方法，以及专门针对孤儿的定向社会捐助较多，基本能够保障。第二，难以保证日常生活照料。虽然分散供养的五保对象通常具有较高的生活自理能力，但是也有生病或外出等需要照料的时候，现在农村传统的生产和生活方式发生了较大变化，尤其是青壮年劳动力外出打工，留守在农村的多数为老弱病残幼等自顾不暇的弱势群体，难以为五保对象提供一定的生活照顾等保障。

（三）五保村模式

我国农村五保供养主要是集中供养和分散供养两种方式，这两种方式各有弊端。集中供养五保对象的福利院由于缺乏工作人员，入住的五保对象又往往会因为离开自己的村庄、村民和亲朋而产生环境适应的问题。而分散供养五保对象日常生活的照料又难以得到保证。因此从20世纪90年代开始，有些地区开始尝试一些新的供养方式。2001年，广西壮族自治区在大的自然村或村委会所在地兴建"五保村"，得到一定的社会认同，并在湖北、安徽、重庆等地发展起来。

所谓"五保村"，是指在自然村里建立五保对象集中点，但并不是所有村民都是五保对象的自然村落，是"国家扶持、政府指导、村委负责、就村而建、一户一家、自我管理、自我服务"的五保对象供养新模式（陈文庆，2007）。五保村的建设通常以村为单位，主要是将同村的五保对象集中起来居住。通常"五保村的建筑多是一排十几间的平房，有的建成四合院……每户一间居室，一间小厨房，每个五保对象可以自己支配起居饮食"（龚维斌，2005）。

相对而言，五保村更加重视五保对象的个别需求和当地实际情

[①] 近年来我国政府对农村义务教育阶段贫困家庭学生就学实施的一项资助政策。主要内容是对农村义务教育阶段贫困家庭学生"免杂费、免书本费、逐步补助寄宿生生活费"。这项政策从2001年开始实施，其中中央财政负责提供免费教科书，地方财政负责免杂费和补助寄宿生生活费。

况。针对五保对象受中国传统文化的影响,安土重迁,不愿"背井离乡"入住福利院的心理,五保村就建在五保对象熟悉的村寨,五保对象离家不离村,仍然继续生活在语言与生活习俗相同的村内,又能够相互照顾(陈文庆,2007)。对于五保对象关注的个人财产处理问题,广西的做法通常是由五保对象和村委会签订协议,明确五保对象个人财产和收入的产权归属。安徽在借鉴五保村的基础上建立了五保之家,所配生活用品所有权归村委会,五保对象只有使用权,村委会将五保对象不能带进"五保老人之家"使用的财产进行清点登记,连同五保对象房屋交由领养人管护,五保对象死后,按照供养协议处理五保户房屋财产、田地、山场等问题。

总之五保村的优点是投资少,效益高(张廷登,2004),在一定程度上解决了五保供养的资金短缺问题;建成的五保村产权归村委会集体所有,不存在财产争议;还可以满足五保对象的精神需求,使其不脱离自己熟悉的人际环境和社区环境,不需要改变自己的生活习惯和生活方式。所以五保村的出现可以说是开辟了五保供养模式的新道路,成为五保供养模式的又一重要选择。

三 五保供养制度实施的实证研究

关于农村五保供养制度实施的文献研究从 20 世纪 90 年代逐渐增多,推动 2006 年新《五保供养工作条例》出台之后,相关研究大幅减少。初期多数研究焦点集中在供养方式、供养标准等方面的现状及其变化,2000 年前后,集中于农村税费改革对五保供养工作的冲击。可见对五保对象的研究难以忽略五保筹集资金渠道带来的影响。在众多实证研究中较有影响力的是 2003 年 8 月~10 月民政部在全国范围内开展的调查。各个调研组在安徽,江西等地实际考察的基础上,指出了五保供养制度实施中的不足并提出了有针对性的建议。

洪大用等（2004）对安徽省五保对象的调查认为，目前我国农村五保供养工作面临诸多困境，主要体现在五保内容全面实现难、五保对象应保尽保难、落实五保供养标准难、全面实现五保难、集中供养率低、地区供养负担不均衡等方面，同时认为农村集体经济的瓦解和五保供养制度调整滞后是五保供养工作陷入困境的主要原因。基于此，必须尽快改进五保供养工作，进一步明确各级政府在五保供养中的责任，及时调整五保供养制度，完善农村社会救助体系。杨团、张时飞（2004）在江西省实地调查的基础上认为，农村税费改革后，农村五保供养工作还存在着供养标准低、生活照顾的需求被忽视等突出问题，并从资金融资和服务传递两个视角探究了其制度成因，在此基础上提出了相应的政策建议。

此外还有一些针对一省一县的实证研究。研究者对五保对象的相关实证研究得出的主要结论如下：第一，五保内容全面落实困难，只能实现保吃保住等部分保障内容；第二，应保尽保率低，实现应保尽保困难，有些符合五保供养条件的成员难以享受五保供养；第三，集中供养率低，提高集中供养率困难；第四，地区供养负担不均衡，供养标准参差不齐，总体供养标准偏低；第五，五保对象尤其是分散供养的五保对象生活照顾被忽视；第六，五保对象主体不断扩大，基层干部的服务意识较弱；第七，五保对象的心理健康状况堪忧；第八，针对五保对象尤其是五保老人的社会捐助较少，社会动员不足（王翠绒、刘亦民，2008；朱军红等，2006；李瑞德，2007；汪文新等，2006）。

首先可以肯定的是研究者的实证研究取得了丰富的第一手资料，也引起了相关部门的重视，甚至直接推动了五保供养工作的发展。但是整体上五保供养制度并没有被研究者较多地关注，一半以上的文献是实际工作者从自己的工作经历出发讲述感受、经验，其中不乏"歌功颂德""言必称好"的短文，虽然能够为进一步研究提供丰富的资料，但缺乏全面系统的分析、梳理。更重要的是，新的《农村五保供养工作条例》颁布以后几乎还没有学者对农村五保供养进行实证调研，新"条例"在农村实施的情况、存在的新困难等问题还有待进一步深入研究探讨。

四 五保对象的需求与满足现状

现有文献资料中直接针对五保对象开展的需求研究基本没有，但是我们可以借鉴对老年人需求的研究。因为我国的五保对象以年满60岁的老年人为主体，残疾人和孤儿所占比例较低。根据2010年第一季度的统计结果显示，我国五保对象共554万人，其中老年人约472万人，约占五保对象总数的85%（民政部，2010）。所以关于老年人需求的研究对于五保对象研究有较大的借鉴意义。

老年人的需求研究主要有如下几个特点：第一是老年人的经济需求，主要是以经济生活来源为考察变量；第二是老年人的卫生健康需求，这是由于老年人的身体逐渐衰老，渐入带病期等原因所致。卫生健康需求包括对医疗设施、护理人员、日常保健的需求等方面；第三是日常生活照料的需求，因为老年人逐渐丧失或部分丧失生活能力，在日常生活中需要他人协助；第四，是精神需求，包括感情需求、尊重需求、交往需求、社会参与需求等多方面（明艳，2000；郭金亮、丁桂枝，2003）。当前对老年人精神需求的关注越来越受到人们的重视（周绍斌，2007）。根据研究，老年人的物质生活状况、健康状况等方面直接关系到他们的精神生活满意度和幸福指数，人际交往、社会参与等方面也会影响他们对精神生活的自评（孙鹃娟，2008）。老年人的需求最大的特点是依靠自身能力提供满足，或者是降低自身需求。无论城市还是农村的老年人晚年经济生活的来源主要是自我保障，在收入有限的情况下，他们只能通过压缩自己的需求，降低生活标准等方式克服困难；同时生活照料也呈现同样的特点，他们尽可能实现自我照料，很少麻烦子女。但是其精神慰藉却与子女家人等联系密切（杨善华等，2004）。虽然关于老年人需求的研究能够在分析五保对象的需求及其保障时提供参考和借鉴，但五保对象通常并不具备一般老年各种需求满足的条件。

综合学者对老年人需求的研究可以概括以下几点：老年人的经济保障力度不够；需要来自家庭、社会环境的关心、爱护和尊重；缺乏医疗保健和经常性的生活照顾；需要来自家庭和社会的各种服务；缺乏发挥余热的工作或活动环境，应当重视老年教育及有关老年人发展的服务（李松柏，2002）。

除此之外，研究者对于机构养老的老年人需求研究也具有较好的参考价值，尤其是对于研究集中供养的五保对象。根据民政部2010年第一季度的统计报告，集中供养的五保对象有172万人，虽然只占五保对象总数的31%，但是集中供养是我国五保供养的主要模式之一。

根据研究，大部分老年人受慢性病的困扰，身体状况普遍较差，日常生活自理能力逐渐衰退，当身体衰退到无法居家养老的情况下，才被迫选择机构养老（吕新萍，2004）。老年人对机构的服务需求按照期望值从高到低依次为医疗保健需求、娱乐健身需求、人际交往需求。生活在机构的老人对机构的评价和满意度从高到低依次是环境设施、工作人员、日常照顾、膳食、活动、心理照顾、独立性、尊敬。生活在养老院的老人的需求具体表现以下几个方面：住房上的单间需求；饮食需求上的多样性；精神需求方面要有活动项目；还需要疏解个别老人去世引发的同院老人的悲伤与担忧等情绪问题。另外入院时间长短对老人的心理和行为有影响，比如行为举止的个人化，以为自己在机构里资格老、时间长，其他老人（尤其是新进老人）甚至工作人员都要迁就他们，应该以他们的需求为中心（吕新萍，2004）。

通过对老年人需求的研究，可以看出，老年人经济需求的满足通常依靠自己继续工作或退休金等，子女支持力度很小；医疗需求相对突出；日常生活照顾也主要依靠自己或配偶之间的相互照顾，子女等其他家庭成员支持力度不高，所以老人当自理能力不足时会选择入住养老机构接受机构服务，从而延伸出对机构服务的需求；

而老年人精神需求，例如尊重、自我实现、感情归属、社会交往等需求逐渐引起重视，因此对老年人的保障重点逐渐从物质保障走向精神保障。这些对于五保对象的社会保障研究有实际的借鉴意义。

五 关于五保供养制度发展阶段的研究

农村五保供养制度作为一项特殊的社会保障制度，其诞生和运行过程所处的制度环境对五保供养制度的发展与演进有较大影响。五保供养制度形成于20世纪50年代，随着我国社会经济的发展进步，不断调整和改革。

五保供养工作的学术研究主要集中在2000年前后农村税费改革以来的近十年。对于这一制度的发展沿革，学术界有两种划分方式：一种是按照保障资金的主要来源进行划分，这是关于五保供养制度沿革研究的主流划分方法；另一种是按照五保供养制度的经济环境进行划分。无论哪种划分方式，都可以看出经济制度的调整、发展和改革对五保供养制度的运行实践有至关重要的影响。按照五保供养制度中国家或社区两个不同供养责任主体，高鉴国、黄智雄（2007）将五保供养制度的发展阶段分为两个阶段，即"国家化社区救助阶段"和"国家化公共救助阶段"，前者包括五保供养制度出现到2006年新《农村五保供养工作条例》颁布之前的一段较长的历史时间，作者认为这段时期内用于五保供养工作的资金和人力主要源于农村社区，而2006年之后用于五保供养工作的资金主要源于国家。这种两分法明确指出了传统五保供养工作在2006年之后的主要变化，这种变化更符合现代社会保障制度的精神。但是这种两分法过于笼统，同时忽视了国家在2006年之前传统五保供养工作中的作用。虽然在1994年颁布的《农村五保供养工作条例》中规定了农村集体经济是五保供养资金的主要来源，但是在2006年之前的一段时间，国家实际上也以救助救济资金的形式为五保对象提供了很大的经济支持。尤其是在集体经济瓦解之后，很多地区的五保供养工作资金来源严重缺乏，主要依赖国家救济救灾物资开展五保对象的供养工作,因此国家在保障五保对象的基本生活方面,尤其是在解决他们的温饱问题上发挥了一定的作用,这是不应被忽略的。此外,从我国经济和社会发展战略变化以及社会转型的角度,宋士云(2007)将五保供养制度划分为三个主要时期:1956~1978年是五保供养制度的建立和曲折发展期,其运行主要依靠集体公益金,由生产队或生产大队组织实施,主要是集体供养模式,这一阶段也是国家优先发展重工业战略时期;1979~2001年以村提留和乡统筹为五保供养制度的经费和实物来源,是市场化改革时期;2002年至今,五保供养以国家财政为主,集体保障、土地保障和社会帮扶为辅。另外,其他学者们的划分基本大同小异(公维才,2006;肖林生、温修春,2008)。无论将五保供养制度的发展划分为几个阶段,最重要的特征和变化就是五保供养制度中融资方式的变化(李瑞德,2007;常明明,2006;邹文开,2004)。

第二章 研究设计

第一节 本书的理论基础

本书主要是从五保对象主体出发，探讨他们的需求状况以及五保供养制度实施以后是否能够满足五保对象的各种需求，在新《条例》颁布之后五保对象的生活保障较之以前是否有提升，是否会产生新的需求。这些问题的探究都离不开需求理论的相关支持。为陷于困境的社会弱势群体提供制度性保障，是社会公正理念的实际体现。随着现代社会的发展，为了适应保障对象需求的转变，社会保障制度逐渐从单纯的物质保障转变为同时兼顾保障对象精神需求。

一 需求理论

人的需求理论对于研究社会保障的起源和发展有重要参考价值。人是一个客观存在的实体，人的存在和发展必然要不断从自然界和社会获取各种需要的满足，而每个社会中都会有部分社会成员由于个人或者社会原因不具备自给自足获取资源满足自身所需的能力，势必要求社会出台相应的措施或方法保障这部分社会成员需求的满足，因此就形成了现代社会保障制度。

（一）需求的界定

需求是"有机体内部的一种不平衡状态，它表现在有机体内部环境或外部生活条件的一种稳定的要求，并成为有机体活动的源泉"（彭聃龄，2004）。这种不平衡状态包括生理和心理两方面，例如水分不平衡产生的喝水需求，孤独感引发的社交需求。因规范、标准不同，需求可以有不同的界定，基本可以分为如下两大类。

一是从由"谁"来界定的角度看，它有三种界定途径：第一，它可由社会整体依据大众达成的共识或所同意的价值来界定。例如五保供养的内容"保吃、保穿、保住、保医、保葬"可以纳入此类，这是经由社会长期实践和中国传统文化决定，社会成员达成的保障五保对象基本生活必要条件的共识；第二，它可由有实际福利需求的消费者来界定。五保对象是有实际福利需求的消费者，那么可以由五保对象来界定他们自身所感知的各种需求除"吃、穿、住、医、葬"这些最基本的维持生命存在的生理需求之外，或许还包括其他需求内容；第三，它可由专家团体来界定。专家根据自己的研究与知识，界定某些群体会产生哪些方面的需求，例如老年人的健身需求、老有所学的需求等。专家界定的需求与大众共识基础上的价值界定的需求有趋同之处，例如对五保对象而言，基本的需求有吃、穿、住、医、葬等五方面。但是每个福利院都有活动室、健身器材等，这些是基于专家界定的需求而特设的。

二是以界定"需求"所涉及的"福利服务目标"来区分：第一，依据理想规范或目标所界定的需求，例如新《条例》规定的"为做好农村五保供养工作，保障农村五保对象的正常生活，健全农村的社会保障制度"；第二，依据最低标准所界定的需求，吃、穿、住、医、葬五个方面即保证了五保对象生活最低标准；第三，依据社会中的平均标准所界定的比较需求，新《条例》规定当地居民的平均生活水平，据此指定的五保标准应是该类需求；第四，依据个人对自己需求的感觉所界定的"感觉的需求"，指五保对象自身觉知的需求；第五，依据特定技术、程序或知识所界定的需求，往往是各种专家基于调研所认定的五保对象的需求。

(二) 人的需求本质论

马克思主义关于人的本质需求理论，揭示了人的需求的自然性、社会性、多样性以及层次性特征，并指出"满足这种需求不能单凭个人的孤立行为和过程，而应该是一种社会活动和社会过程，并只有通过社会过程，人的需求满足才能真正实现。这就为建立社会保障制度提供了理论依据"（邓大松、林毓铭、谢圣远等，2007）。

马克思主义认为，人的需求是人的本性之一，是一种包括生理需求在内的社会需求。这种社会需求具有如下特征。

生存需求。马克思、恩格斯（1972）指出："我们首先应当确定一切人类生存的第一个前提也就是一切历史的第一个前提，这个前提就是：人们为了能够'创造历史'，必须能够生活。但是为了生活，首先就需求衣、食、住以及其他东西。因此第一个历史活动就是生产满足这些需求的资料，即生产物质生活本身"。恩格斯还说："正像达尔文发现有机世界的发展规律一样，马克思发现了人类历史的发展规律，即历来为繁茂芜杂的意识形态所掩盖的一个简单事实：人们首先必须吃、喝、住、穿，然后才能从事政治、科学、艺术、宗教等等"（马克思、恩格斯，1972），而且人类为了满足自己的生存需求，不是被动地适应环境而是主动地通过劳动生产，有计划有目的地改造自然界，获得物质资料以满足自己的物质和文化需求。五保对象的"吃、穿、住、医、葬"五保供养内容是人类最基本的生存需求。

相互需求。马克思、恩格斯（1979）认为，"人们从一开始，从他们存在的时候起，就是彼此需要的，正是由于这一点，他们才能发展自己的需要和能力等等"。因此，人类的生产活动不是个人单独进行的，他们相互之间必然要发生广泛的联系。在社会生产过程中，人是社会性的人，人们的生产是社会性生产，人们的需求也是由人们相互提供满足的社会性需求。

多种需求。马克思主义认为，人的需要是多方面、多层次的。

恩格斯将这种多层次需求概括为：第一，生存需求，人类为了生存和繁衍后代而需要满足吃、穿、住、用、行等物质生产资料；第二，享受资料的需求，指人类为了保持身心健康所需要的物质资料和服务，例如医疗、卫生、体育、文化艺术、休假等物质资料与服务；第三，发展资料的需求，即人类为了使自己的体力和智力获得充分、自由的发展和运用所需要的物质资料，例如图书馆、书籍、报刊、教育、科研设施等以及为保证人们正常生产生活和自由发展条件的保险保障等。后来，斯大林将人的需求概括为物质生活需要和文化生活需要两类。由于生产水平的不断发展，人的需要呈现出从低需求层次向高需求层次发展的过程，不论对个人还是对一个社会，开始追求的是生存需要，只有在满足了低层次需要之后，若还有收入剩余，人们才可能要求满足享受需要。同样，当人们的生存和享受需求满足之后，还有收入剩余，才有可能追求发展的需求。

（三）马斯洛的需求理论

美国心理学家马斯洛（A. H. Maslow）认为人的需求由五个等级构成，从低到高依次为生理需求、安全需求、归属和爱的需求、尊重需求、自我实现的需求。生理需求（physiological need）是人对食物、水、睡眠等方面的需求，是人的所有需求中最重要、最有力的需求，这一层次的需求不能满足，其他高层次的需求很难产生；安全需求（safety need）表现为人们追求稳定、有保护、安全、有序生活状态，能够免除焦虑和恐惧等，例如人们希望有稳定的职业，参加各种保险等；归属和爱的需求（belongingness and love need）表现为个人要与社会他人建立感情的联系或关系，例如交友、追求爱情、加入某个团体等；尊重的需求（esteem need）包括自尊和期望受到他人尊重。人们获得尊重需求的满足能够增加自信，如果缺乏自尊或者不能获得他人的尊重，会自我贬低，难以处理面临的问题；自我实现的满足（self actualization need）是指人们追求挖掘自身潜力，能够实现自己的价值。

马斯洛认为这五个层次的需求是与生俱来的，是人的基本需求。需求的层次越低,它的力量越强大,随着层次的上升,需求的力量就在减弱。只有低层次需求满足或者得到基本满足之后才会产生更高层次的需求,例如只有满足衣食住行的基本生理需求,才会有爱、尊重等需求的产生。如果五保对象的基本生存不能保障,他不会追求爱和归属等高层次的需求。

马斯洛的需求层次论是具有代表性的、相对比较完善的研究理论,它系统探讨了需求的产生、发展、实质及其作用,反映了人的基本需求从低到高的发展趋势。但是马斯洛的需求层次论的局限性也很明显,例如他对需求层次的划分过于绝对。但是马斯洛把人的生理需求作为一切需求的基础,而且提出了安全需求,这些观点对于五保供养制度乃至社会保障理论的研究都有很大的参考价值。

(四) ERG 理论

在马斯洛的需求层次论的基础上,美国学者奥尔德弗(Clayton Alderfer)1969 年提出了一种新的人本主义需求理论即 ERG 理论。ERG 理论认为,人的需求可分为三个核心,即生存的需求(existence)、相互关系(relatedness)的需求和成长发展(growth)的需求。生存的需求与人们基本的物质生存需要有关,它包括马斯洛提出的生理和安全需求;相互关系的需求是指发展人际关系的需求,是人们对于保持重要的人际关系的要求。这种社会和地位的需求的满足是在与其他需求相互作用中达成的,它们与马斯洛的社会需求和自尊需求分类中的外在部分是相对应的;最后,奥德弗尔把成长发展的需求独立出来,它表示个人谋求发展的内在愿望,需要通过发展个人的潜力和才能得到满足,包括马斯洛的尊重需求分类中的内在部分和自我实现层次中所包含的特征。

ERG 理论的主要特点是并不强调需求层次的顺序性,而且 ERG 理论认为某种需求在得到满足之后,其强烈程度不一定减弱,也可能会增强。奥尔德弗还提出了"挫折—退化"理论,认为如果较高层次的需求不能得到满足的话,满足较低层次需求的欲望就会加强（王磊，2001）。按照这一观点，五保供养制度满足五保对象的基本生存需求之后，不一定会引发五保对象产生更高层次的需求，也可能会增强他们对生理需求的进一步追求。

二 社会公正理论

公正即公平和正义，反映的是人们从道义上、愿望上追求利益关系特别是分配关系合理性的价值理念和价值标准。这一概念的发展经历了三个阶段：首先，是作为伦理学和价值观概念基础上形成的"公正"，代表一种理想社会和高尚道德。柏拉图将"正义"分为国家正义和个人正义，其中国家正义是指谋求国家全体公民的最大幸福；个人正义是指个人应尽个人的本分。中国古代"天下为公"的"大同社会"可以说是公正社会的最早范式。其次，作为权利和制度意义上的"公正"，一些近代资产阶级思想家发展了公正概念，认为一个自由、平等的社会就是公正社会。马克思、恩格斯认为指向平等、平等权利的"公正"这一概念具有历史必然性，但同时他们认为这种公正概念过于抽象，在唯物主义历史观的基础上，通过对生产力和生产关系两者的分析，确立了平等（公正）的科学基础。最后，"二战"以后"公正"内涵逐渐清晰，形成了具体的概念体系并延伸出一定的指标体系，而且社会公正的实现越来越依赖社会政策的完善，例如税收和分配政策、社会保障和社会福利政策等，以此促进社会的发展（景天魁等，2004）。

在关于社会公平正义的研究中，美国政治哲学家罗尔斯关于公平正义的思考最突出。罗尔斯提出的公平（正义）观概括为两个原则："第一个原则：每个人对与所有人所拥有的最广泛平等的基本自由体系相容的类似自由体系都应有一种平等的权利。第二个原则：社会和经济的不平等应这样安排，使它们在与正义的储存原则一致的情况下，适合于最少受惠者的最大利益；并且依系于在机会公平平等的条件下职务和地位向所有人开放。"第一个原则可概括为平等自由原则，第二个原则可概括为机会的公平原则与差异原则。差异原则允许社会成员存在收入和分配上的不平等，但是这种不平等如果能够促使社会中最不利成员获得最大的利益，它就具有合理性，否则就不合理。差异原则为社会政策在分配制度的合理性上提供了可操作的方法。所谓"最大利益"，就是要不断地持续地改变这种不平等状况，直到社会中处境最不利的人的利益无法再继续增加为止，这才是一个公正社会。无论如何界定"最不利的人"，五保对象都会由于自身能力的限制而被纳入其中，因此对五保对象实现政策上的保障是社会公平与正义的体现。

党的十六届六中全会指出，制度是社会公平正义的根本保证，强调必须加紧建设对保障社会公平正义具有重大作用的制度，保障人民在政治、经济、文化、社会等方面的权利和利益。从社会公平的理论视角分析，为社会弱势群体提供利益保障成为文明社会发展的公平与正义内涵，物质财富的增加也为回应社会公平与正义的呼声和满足弱势群体的利益保障诉求提供了可能。社会保障是保障社会公平的重要社会机制。社会保障通过公民收入再分配的途径，一方面以累进的方式向高收入阶层征收社会保障基金，另一方面以累进的方式向社会弱势群体提供资助，以此克服完全市场竞争造成的社会财富分配不均和缩小贫富差距。而作为农村社会保障重要组成部分的五保供养制度关注的是农村最弱势群体的利益满足问题，完善五保供养制度是实现社会公平与正义目标的重要途径。我国城乡经济发展水平不均衡，农村经济发展滞后于城镇在当前是不争的事实；同时在农村随着改革的深入和经济的发展，农村也出现了不同的利益群体和阶层，他们之间的经济收入水平也有较大差距，贫富悬殊越来越明显。因此，要维护农村社会公平与正义，推进和谐社会的进程，首先要保证没有收入来源、没有劳动能力、无依无靠的群众最基本的生活。

综上所述，本书主要从需求理论和社会公正理论展开对五保供养的制度研究，探讨五保供养制度的合理性、公平性和完善性。需求理论包括马克思的多样性需求理论、马斯洛的需求层次和奥尔德弗的 ERG 理论，是本书的理论基石。研究基本概念的操作化和测量，提出的各项建议和措施都是基于需求理论的角度；社会公正理论是社会保障制度的基本理念，为五保对象提供制度保障，完善五保供养制度能够体现社会的公平与正义，提高五保对象的安全感，保证他们受到公平对待，真正保障他们与其他社会成员共享生存权和社会权。

第二节 本书的基本概念

本书涉及的基本概念主要是五保对象、需求、经济需求、照顾需求、精神需求、自主性需求等。

一 五保对象

本书的五保对象是指《农村五保供养工作条例》规定的，"老年、残疾或者未满 16 周岁的村民，无劳动能力、无生活来源又无法定赡养、抚养、扶养义务人，或者其法定赡养、抚养、扶养义务人无赡养、抚养、扶养能力的，享受农村五保供养待遇。"本书中的五保对象主要是所有应该享受相关待遇的成员，包括应保未保的成员。

二 "需求"的概念及其操作化

"需求"概念有较强的内涵及外延，是一个难以界定的基本概念，因为它常常受到人们主观看法或者价值观的影响。需求既可能是当事人根据自身所处具体情境作出的主观判断，也可能是社会他人，尤其是专家学者或者服务提供者，对当事人所处情境作出评估的结果。例如《农村五保供养工作条例》规定的保证五保对象的"吃、穿、住、医、葬"等基本生理需求的满足，是专家学者等从人类的基本需求出发作出的判断。本书在此基础上，一方面评估五保对象在"吃、穿、住、医、葬"五项供养内容的需求满足状况，另一方面从五保对象自身感知的需求出发，探讨五保对象的需求类型及其满足途径和期待。

本书中"需求"是个体行动的动力,是个体感受到应该有或者必须有的并且希望得到满足和实现的需求。结合前文相关文献资料,本书将五保对象的需求分为两大类:经济需求和非经济需求。其中经济需求是指为了满足基本生活而产生的基本的生理需求,这一层次的需求直接关系到其他需求的产生与满足状况,本书中主要指五保对象在保吃、保穿、保住、保医、保葬以及日常零花钱等方面的需要;非经济需求包括照顾需求、精神需求和生活自主性实现。照顾需求包含五保对象的居家照顾、福利院日常生活照顾以及医疗照顾需求;精神需求主要指五保对象内心为了排遣消极的情绪感受,实现欢乐、充实和尊严而产生的非物质需求,具体操作化为人际交往、休闲娱乐和社会参与三个维度,其中人际交往需求特指五保对象对维系或构建相互帮助或互通信息的社会关系网络的需要,休闲娱乐需求是指五保对象对满足和培养各种兴趣爱好提升生活品质的要求,社会参与需求在本书中泛指五保对象参与社会经济发展活动、政治文化生活等要求;自主性需求是指当事人需要自己能够发挥自己的生活决策权利,自己决定自身相关事务的能力得到尊重,由于供养方式的选择一定程度上决定了五保对象在日常生活各方面自主性能力的发挥,因此本书"自主性需求"特指五保对象在供养方式选择上的自主性。详见图2-1。

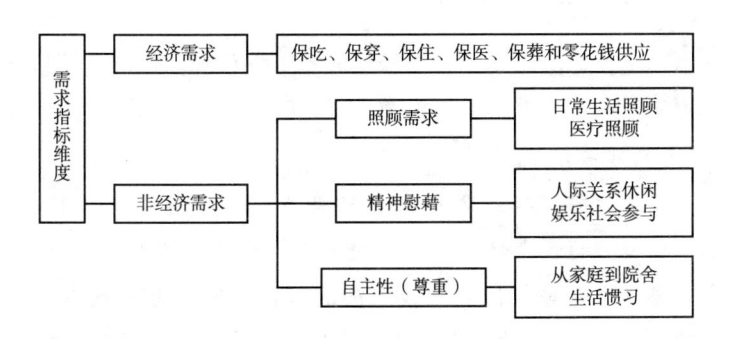

图2-1 "需求"指标操作化结构图

第三节 研究方法

研究方法是指在研究中发现新现象、新事物，或提出新理论、新观点，揭示事物内在规律的工具或手段。以往对五保对象的学术研究中，主要的研究方法有两种：一种是社会保障或社会政策视角下的文献研究法，一种是社会学领域定量的实证调查研究。研究结果对于丰富五保供养制度和全面了解五保对象生活状况皆有裨益。本书主要运用了文献研究、调查研究和访谈法、跨学科交叉研究等方法。

一 文献研究法

文献研究几乎是每项研究都会运用的方法，因为只有对他人已有的研究结果进行梳理，才能发现当前对某个研究主题的研究广度与深度，才能更好地开展研究者自己的研究方向和研究内容。本书运用文献研究方法查阅各种媒介的关于五保对象的研究资料，主要集中在两个方面，其一是对于五保供养政策的历史、现状、变革与发展趋势的探讨，也包括国外和历史上我国对五保对象所代指的群体已有的保障制度沿袭；其二是新中国成立后五保对象生活状况的已有研究资料，也包括对老年人群体的研究及其对五保对象研究的借鉴意义。

二 访谈法和调查法

本书主要运用观察法和访谈法收集五保供养制度的实施以及五保对象需求满足状况等方面的第一手资料。

（一）观察法

观察法分为参与式观察和局外观察（非参与式观察）两种。本书主要是参与式观察，就是研究者进入研究对象的生活背景中，在实际参与研究对象日常社会生活的过程中所进行的观察（风笑天，2001）。研究者通常不是从对研究主题的先验印象和一整套测量工具开始，而是经常在收集资料的过程中形成他们的概括和方论，依靠的是研究对象对其"文化"的阐释。

笔者进入四川省和湖北省的福利院以及村组和五保对象的生活环境中，并没有急于展开正式访谈，而是参与福利院的活动，和五保对象一起吃饭、喝茶、聊天。观察所获得的资料可以和访谈调查等获得的资料进行验证和比较，因此也是本书的一个关注点，例如福利院的空间环境、硬件设施，工作人员的服务方法和对待五保对象的态度，五保对象的衣食住行、休闲娱乐和人际交往等，观察所得的资料可以和福利院管理者和五保对象的访谈资料作对比。

相比较而言，通过观察法收集资料需要花费更多的时间。笔者在两地福利院参与观察时间并不太长，共计四个月。

（二）访谈法

访谈法可以分为"无结构式""半结构式"和"结构式"访谈三种。无结构式访谈是以日常生活闲聊式或知情人士、专家访谈式获取资料，没有事先设计好的问卷或固定的程序，只有一个访谈主题或范围，由访谈员与被访谈者围绕该主题或范围进行比较自由的交谈。这种方式笔者在研究初期的时候运用较多，和五保对象随意聊天，没有任何提纲，甚至会饶有兴致地人讲他年轻时候的趣事等。

半结构式访谈法是根据访谈大纲进行访谈，对象可以是"个人"或"小组"。个人访谈即所谓的深入访谈法，侧重深入挖掘特定问题，笔者实际上在访谈中期和后期运用较多；小组访谈即焦点小组法，是由6~8个人组成一个小组，它比个人访谈能提供更自然的环境，而且能够相互影响。笔者分别组织福利院工作人员和五保对象开展了两焦点小组访谈。

结构式访谈也叫标准化访谈，是按照有一定结构的问卷而进行的比较正式的访谈（童奇，2004）。"在这种访谈中，选择访谈对象的标准和方法、所提的问题、提问的顺序以及记录方式都已经标准化了，研究者对所有的受访者都按照同样的程序问同样的问题"（陈向明，2000）。笔者运用结构式访谈法对湖北省两市三所福利院共42名五保对象进行访谈，选择受访者的标准是福利院中能够交流、思维清楚的所有五保对象。但是当地入住福利院的五保对象中有2/3左右人员由于聋哑等身体残障或者老年痴呆等精神残障而难以交流。所以结构式访谈样本较小。

需要说明的是在无结构和半结构式访谈中的抽样问题。按照质性研究抽样策略的分类（胡幼慧，1996），本书首先运用滚雪球方式，由乡镇干部推荐符合访谈条件的村组和福利院，然后再由村组干部和福利院干部推荐一两名五保对象，再由受访者推荐其他的五保对象；多数受访者是研究中能够提供研究对象的一般状况和特点的典型个案；也有符与不符的个案，属于立意抽样，例如个别集中供养五保对象中途不符合五保供养标准的"五保对象"，能够经由进一步分析找出变异性；还有极端或偏差性个案，能够探索不寻常现象的产生，例如个别集中供养五保对象中途离开福利院改为分散供养的五保对象等。访谈数量尽量达到理论饱和，即受访者对访谈内容呈现出较强的一致性和趋同性。本书访谈样本基本达到理论饱和。

另外，除了直接访谈五保对象之外，笔者也对福利院院长等工作人员、村组具体负责五保供养工作的村干部进行了访谈，主要目的是了解五保对象的人数、界定的具体操作化、审批程序、五保标准、政策变化等方面的内容。

第四节　研究样本基本情况

在正式收集数据之前，笔者曾走访过河南周口和湖北京山、巴东地区部分五保对象，获得了一些当地五保工作的直观资料。本书正式收集资料的地区涉及四川、湖北两省。对四川五保供养工作的调研集中在成都市温江区WC镇，以镇福利院为主辐射到周边分散供养五保对象；湖北省主要在宜昌地区调研，分别是当阳市BY镇和枝江市WA镇、WD镇，共涉及4所福利院、若干个村庄。

一 福利院基本情况

调查的4所福利院虽然属于两省,但是在五保供养工作上有些相同之处。例如五保对象都加入了农村合作医疗,门诊由福利院负责,大病由合作医疗和农村医疗救助以及民政部门解决。在保葬方面做法也大致相同,五保对象去世之后,通常是由福利院负责火化,然后把骨灰交给五保对象所在村组和其他亲属,无人负责的则由福利院负责安葬。另外,有条件的福利院通常都有一些院办经济收入补贴日常开支,例如院办生产基地、养猪场、鱼塘等。但是社会捐助都相对较少,近一两年基本都没有。

(一) 四川 WC 镇福利院

WC镇隶属于四川省成都市温江区,人口5.2万,现有五保对象150人。五保对象的供养标准是集中供养的五保对象每人每年4200元,分散供养的五保对象每人每年2000元。WC镇福利院现有院友92人,其中五保对象69人,托养老人23人。有自己的生产基地和养猪场。除行政办公用房之外,福利院还有厨房、食堂、澡堂、洗衣房、阅览室和活动室等,室外有简单的健身器材。有一定的生产基地。

WC福利院共有7个工作人员。院长一名,是原民政系统的干部,全面负责福利院的日常工作;副院长两名,主要负责外部联络;会计一名,负责福利院的所有财务工作;厨房工作人员两名;勤杂工一名,负责洗衣和维持福利院卫生。除院长外,其他工作人员通过社会公开招聘应征上岗。

温江区民政局按照每年每位五保对象4200元的标准拨款到福利院,该款主要用于五保对象的衣食住等日常生活及门诊医疗费用支出。在"保吃"方面,福利院统一安排饮食,早餐一般是馒头或包子、稀饭,午餐一荤一素和米饭,晚餐两素。"保穿"方面,福利院每年冬夏为每位老人各添置一套服装,有个别需要的五保对象可适量增减,例如有的五保对象入住福利院带有较多衣物,可征求其同意后暂不添置。福利院有时会接受不定期的外界捐助衣物。

"保住"方面，福利院有三栋楼，分别建于1987年、2002年、2004年。两位五保对象一间房，大约10平方米左右，每个人一床一柜。1987年建成的楼房条件相对最差，五保对象最不满的地方是房间内没有卫生间，只有公共的卫生间；2002年和2004年建成的楼房设施相对齐全，自带卫生间，而且房屋面积略大。"保医"方面，福利院购买了一批常用药，由学历较高、自学医术的一位五保对象负责诊治和发放常用药品。五保对象也可到镇上某诊所看病，福利院定期去结算，如遇五保对象实际发生的大额医疗费用则由农村合作医疗和农村医疗救助制度以及地方民政部门共同承担。该福利院没有需要"保教"的五保对象。除以上开支外，福利院每个月给每个五保对象发放30元零花钱，每年的春节、重阳两节再给每位五保对象发放共200元的慰问金，即每个五保对象每年有560元现金可自行支配。福利院的行政费用以及工作人员的工资等由政府另外拨款支付。此外，为了改善五保对象的生活，除院办经济外，福利院会充分利用本地资源，例如邀请本县企业家到福利院与五保对象共度重阳、春节等，积极倡导社会捐赠。

（二）湖北三所福利院

在湖北的调查涉及宜昌的3所福利院，其中BY镇中心福利院和WA福利院都是在废弃小学的基础上改造而成的。

BY镇总人口约31200人，人均年收入约5100元。当地集中供养的五保对象供养标准是每年2000元，分散供养的五保对象是不低于1500元。BY镇中心福利院辐射10个村庄。该院有养猪场1个、酿酒厂1个、沼气池4组，有208亩田地，种植蔬菜、水果、水稻，年产值约5万元。BY镇中心福利院现入住68名五保对象，女性10人，大约三分之一的五保对象是聋哑痴呆等残障人士。五保对象中有一对姐弟，是艾滋孤儿，姐姐20岁，智力残疾，弟弟10岁，BY镇小学每周派教师到福利院单独教育弟弟。

在保吃方面，福利院能够保证五保对象吃饱，一周两次荤菜，其他时间为素菜，过年时候从腊月二十九到大年初二不断荤，同月生日的五保对象集中过,每人一碗长寿面、4个鸡蛋、1斤白糖。保穿方面,多数五保对象的衣物是自己从家带来的,缺少衣物的五保对象由福利院负责添置,除了偶尔的社会捐赠之外,福利院没有固定时间统一为五保对象添置衣物。保住方面,五保对象的住房多是三人套间,共用一个厅,约15平方米,每人住一间,每间房大概4平方米,通常是一张单人床和简单的生活物品,没有统一的柜子等家具。保医方面,每位五保对象都加入了农村合作医疗,每年福利院给每位五保对象50元门诊医疗费,大病由农村合作医疗和农村医疗救助制度解决。在对未成年五保对象的保教方面,福利院邀请镇小学教师轮流来为那名艾滋孤儿授课,每周半天。

福利院工作人员共6名。院长、书记各1名,是镇上任命的,月工资1000多元。另外聘任了4名工作人员,其中财务人员1名,负责伙食的工作人员1名,负责烧水养猪等杂务的工作人员1名,为行动不便的五保对象提供送水送饭等服务的人员1名。但实际上工作人员之间的分工并不明确,他们上班时轮流带领有"工作"意愿的五保对象从事院办经济活动。

另外,BY镇中心福利院还负责每半年为辖区的81名分散供养的五保对象分发五保供养资金,每人每年1500元,由院长或书记带领财务人员以现金形式发放到分散五保对象手中。

WA镇中心福利院采用的是封闭式管理,除代养老人10名外,五保对象有56名,男性居多,因为聋哑或者精神障碍等原因,一半左右人员不能正常交流。因为是原有学校改建为福利院,所以周围空地较少,基本没有院办经济。福利院在操场上种蔬菜,基本满足日常所需;种的水稻能部分供应大米来源,每年仍约需购买大米2000斤左右;养了七八头猪,主要是院民自食。福利院共有5名工作人员,院长、会计之外还有3名工作人员。

在保吃方面,福利院除了逢年过节加餐之外,每两天有一次荤菜,有时候会买点应季水果,不多。有的五保对象自己有锅灶,某天不想吃大食堂的菜就自己煮。需要的菜如果福利院有他们就自取，没有的话就自己购买。保穿方面，换季的时候福利院会给需要添置衣物的五保对象相应添置。保住方面，与BY镇一样，每人一间房，三个人共用一个厅、一个卫生间。保医方面，小病门诊由福利院统一结账，大病则由农村合作医疗等相关制度解决。保教方面，福利院有一名12岁的上初中的未成年五保对象，在镇上中学读书，暂住在姨妈家，除五保资金之外，其他教育费用都由福利院负责，例如买书籍文具、学杂费等。

WD福利院和WA镇中心福利院一样，都属于WA镇，但是WD福利院的规模更小。辖区内的五保对象可以自己决定到哪个福利院集中供养。WD福利院由两排平房组成，南边平房住的五保对象基本能够生活自理，北边平房入住的基本是需要照顾的五保对象。福利院共29名五保对象。两排平房之间是一小片湖水，养些鱼虾，周围散种些蔬菜，没有别的蔬菜或粮食基地，也没有养猪场等。福利院只有3个工作人员，院长、炊事员和1个服务员。保吃方面是午饭晚饭以米饭、两个素菜为主，一周两个荤菜，一般是鸡肉炖黄瓜或粉蒸肉，早饭通常是面条、面疙瘩或者包子。保穿方面，一年冬夏两套服装。保住方面，基本是每个人一间10平方米左右的住房，只有公共卫生间，和前面三家福利院一样，有太阳能热水器。保医方面，生病由工作人员陪同或工作人员带医生来看，都不需要五保对象自己出钱。该福利院没有未成年五保对象。

二 访谈对象基本情况

笔者运用了无结构式访谈和结构访谈两种方法。无结构访谈对象共21人，包括四川、湖北两省的部分五保对象；结构式访谈对象是湖北宜昌地区三个福利院的部分五保对象，共42人。

从民政部2010年统计季报可以看出，2010年我国五保对象共554万多人，其中集中供养172万人，集中供养率为31.1%，五保对象户数是531万户，占五保对象总人数的95.8%，可见绝大多数的五保对象是单人户（也称独人户，即一人一户）。女性五保对象占总数的 21.9%，可见五保对象中男性是多数。笔者访谈的五保对象中为数不多的女性都是丧偶状态，没有"单身"状况，但是单身的男性五保对象较多。其原因可能是女性成年后多数结婚，繁衍后代，有法律意义上的赡养人，因此五保对象中的女性较少。另外，老年人占五保对象总数的比例较高，达到 85.1%，湖北省和四川省五保对象中老年人比例分别是 90.2% 和 86.7%，笔者对两省集中和分散供养的五保对象的走访也印证了这一点。未成年五保对象相对较少，从全国来看约占五保对象总数的 5.9%，湖北省和四川省比例分别是 3.6% 和 4.7%。五保对象中约有 17% 的人患有身体或精神残疾（见表 2-1，2-2，2-3）。而且残疾五保对象的需求和老年五保对象的需求基本一致。

表 2-1　2010 年 1 季度五保对象基本情况汇总表

	全国		湖北		四川	
	人数	百分比(%)	人数	百分比(%)	人数	百分比(%)
集中供养人数	1724121	31.1	140407	58.0	179360	35.7
分散供养人数	3819461	68.9	101479	42.0	322420	64.3
总　计	5543582	100	241886	100	501780	100
集中供养户数	1673872	31.5	137631	58.1	176097	35.6
分散供养户数	3636132	68.5	99330	41.9	318951	64.4
总　计	5310004	100	236961	100	495048	100

资料来源：民政统计季报，http://files.mca.gov.cn/cws/201004/20100428161511105.htm。

表 2-2　2010 年 1 季度集中供养五保对象基本情况汇总表

地区	集中供养人数	集中供养人数				集中供养户数
		女性	老年人	未成年人	残疾人	
湖北省	140407	34619	126876	4992	25096	137631
四川省	179360	24254	156842	6666	29043	176097
全国合计	1724121	375236	1525783	73569	268501	1673872

资料来源：民政统计季报，http://files.mca.gov.cn/cws/201004/20100428161511105.htm。

表2-3 2010年1季度分散供养五保对象基本情况汇总表

地 区	分散供养人数	分散供养人数				分散供养户数
		女性	老年人	未成年人	残疾人	
湖北省	101479	25769	91302	3607	16207	99330
四川省	322420	52434	278344	16938	54936	318951
全国合计	3819461	840576	3193220	254811	674493	3636132

资料来源：民政统计季报，http：//files.mca.gov.cn/cws/201004/20100428161511105.htm。

（一）结构式访谈对象的基本资料

结构式访谈主要是在湖北宜昌地区的三个福利院进行的，由于受访谈对象交流和表达能力的限制，共访谈了42名集中供养的五保对象。结构式访谈对象基本情况见表2-4。

表2-4 结构式访谈五保对象的年龄构成

变量	选项	人数（人）	频次（%）
性别	男	26	61.9
	女	16	38.1
年龄	60岁以下	4	9.5
	60~69岁	6	14.3
	70~79岁	12	28.6
	80岁及以上	20	47.6
文化程度	不识字	15	35.7
	小学及以下	26	61.9
	初中	1	2.4
	高中及以上	0	0

根据我国民政部2010年1季度统计季报，女性集中供养的五保对象占集中供养五保对象比例的22.4%，笔者访谈的五保对象中26名男性，16名女性，女性五保对象比例为38%，这一比例比我国集中供养五保对象中女性所占比例略高。

笔者选择访谈对象的标准之一是能够与访谈员进行交流的五保

对象，因此通常是福利院相对低龄的五保对象。但是根据结果显示，结构式访谈对象的平均年龄已达到 76.4 岁，超过 80 岁的访谈对象有 20 人，根据 WA 镇中心福利院工作人员的介绍，入住福利院的五保对象"年龄都在八九十岁，六十多岁算是年轻的了"。结构式访谈对象的受教育程度通常是小学及以下，由于他们学龄期中国处于战争等动荡时期，社会成员普遍接受教育水平很低等原因，不少人从未上过学。42 名五保对象中只有 1 位有初中学历。

（二）无结构式访谈对象的基本情况

笔者共深入访谈了 21 名五保对象，其中集中供养 15 名，分散供养 6 名。5 名五保对象是已婚，11 名未婚（其中包括 1 名 15 岁初中生），另外 5 名是丧偶。从性别上看，6 名女性，15 名男性五保对象。他们的文化程度通常都不太高，除 2 名初中 1 名中专学历的五保对象之外，9 名是文盲，其余为初小或者高小，初小大约等于现在的小学四年级，高小大约等于现在的小学五六年级。访谈对象的具体情况见表 2-5。

表 2-5　深入访谈五保对象基本情况一览表

编码[*]	性别	年龄	婚姻状况	受教育程度	供养方式	集中供养时间
A01:吴爹爹	男	62	未婚	初小	集中供养	1 年
A02:李爷爷	男	65	未婚	初小	集中供养	4 年
A03:郭爷爷	男	66	未婚	高小	集中供养	8 年
A04:李爹爹	男	79	未婚	高小	集中供养	9 年
A05:付爹爹	男	76	未婚	初中	分散供养	0
A06:龚老师	男	73	丧偶	中专	集中供养	3 年
A07:刘爷爷	男	76	丧偶	初小	集中供养	4 年
A08:刘婆婆	女	84	丧偶	文盲	集中供养	1 年
A09:李婆婆	女	88	丧偶	初小	集中供养	24 年
A10:王爹爹	男	72	离异	文盲	集中供养	3 年
A11:杨爹爹	男	76	已婚	文盲	分散供养	0
A12:李爷爷	男	66	未婚	文盲	集中供应	1 年
A13:周爹爹	男	69	未婚	高小	集中供养	3 年

续表

编码*	性别	年龄	婚姻状况	受教育程度	供养方式	集中供养时间
A14:刘老头	男	69	未婚	高小	集中供养	8 年
B01:陈吉秀	女	85	已婚	文盲	分散供养	0
B02:杨久富	男	67	未婚	文盲	分散供养	0
B03:夏爹爹	男	78	未婚	文盲	集中供养	5 年
B04:黄云梅	女	77	已婚	文盲	分散供养	0
B05:王开珍	女	76	已婚	文盲	分散供养	0
B06:万大哥	男	46	已婚	小学	集中供养	4 年
B07:付晓草	女	15	未婚	初中	集中供养	15 年

*编码中，A 是指四川地区的访谈对象，B 是湖北地区的访谈对象。

第三章 农村五保供养制度的发展状况

第一节 农村五保供养制度的形成与发展

虽然研究中国五保供养政策变迁的文献较多，但基本上都是从历史发展的角度，纵向分析新中国成立后五保供养制度的形成、变革等发展历程。本书按照五保供养所需资金来源或融资体系的阶段性变化对农村五保供养制度的变迁进行梳理，将其划分为人民公社保障时期、村提留乡统筹时期、农业附加税费时期、税费改革之后的保障时期。资金来源经历了集体经济保障、村提留乡统筹保障、农业附加税费以及税费改革后的税收和财政转移支付保障、国家保障时期。

一 农业合作化时期五保供养制度的萌芽

我国农村五保供养政策开始于20世纪50年代的农业合作化时期。

1956年1月，中共中央政治局《一九五六年到一九六七年全国农业发展纲要（草案）》[1]中规定："农业合作社对于社内缺乏劳动力、生活缺乏依靠的鳏寡孤独的农户和残废军人，应当在生产

---

[1] 《一九五六年到一九六七年全国农村发展纲要（草案）》，《人民日报》1956年1月26日。

上和生活上给以适当的安排，做到保吃、保穿、保烧（燃料）、（儿童和少年）保教、保葬，使这些人在生养死葬上都有指靠"，这就是最初的"五保"政策，不包含"保住"与"保返"两方面。保障对象是农村合作社中的鳏寡孤独者和残疾的军人，不包括一般的残疾人。1956年6月，第一届全国人民代表大会第三次会议通过的《高级农村生产合作社示范章程》规定："农业生产合作社对于缺乏劳动能力或完全丧失劳动能力、生活没有依靠的老弱孤寡、残疾社员，在生产和生活上给予适当的安排和照顾，保证他们吃、穿和烧柴的供应，保证年幼的受到教育和年老的死后安葬，使他们的生养死葬都有指靠。"保障对象扩展到一般残疾社员。1964年10月，第二届全国人民代表大会通过《1956~1976年全国农业发展纲要》，增加了"保住"、"保医"等内容，至此逐渐形成了比较完整的保吃、保穿、保住、保医、保葬、保教（对孤儿实行）为主要内容的"五保"供养政策。

农村合作化时期的五保供养资金主要在农村合作社内部解决，对五保对象的照顾也基本由社员提供，体现了社区互助的特色。

二 人民公社时期五保供养制度的建立

1958年成立的人民公社是"五保"供养政策运行的一个较长时期的平台。这种集体经济组织在安排"五保户"的生活和生产方面主要有以下措施：一是对丧失劳动能力的"五保户"采取集中供养和分散供养两种方式，集中供养是指将"五保"对象供养在集体提供经费举办的养老院中，分散供养是指由农户供养，由集体提供生活费用补贴。生产队在进行分配之前，首先要提取一定数量的公益金，用于包括"五保"供养在内的各项集体公益事业；二是以各种形式照顾具备一定劳动能力的"五保"对象，例如安排他们参加一些力所能及的劳动，或者记工分时给予适当照顾，保证他们的生活水平不低于一般社员；三是对于丧失劳动能力但生活能自理的"五保"对象，按全队人均劳动日数予以补助，参加分配；补助能满足生存需要的款物；四是对缺乏生活自理能力者安排人员予以照顾。

1962年，党的八届十中全会发布《农村人民公社工作条例修正草案》（即《农业六十条》），其中第三十六条规定，"生产队可以从可分配的总收入中扣留一定数量的公益金，作为社会保险和集体福利事业的费用"，并规定费用"不能超过可分配的总收入的百分之二到三"。其中的集体福利事业就包括五保对象的供养。

从20世纪50年代开始，全国各地开始兴办福利院，并逐步形成了农村五保对象的集中供养和分散供养相结合的供养方式。1958年"大跃进"期间，农村福利院发展到15万所，收养了300多万老人（民政部政策研究室，1997）。经过1959～1961年三年自然灾害的困难时期，福利院数量大幅度下降，到1962年，福利院仅剩3万所，收养老人只有55万人，比1958年减少了80%（宋士云，2003）。1979年中国共产党第十一届中央委员会第四次全体会议通过《中共中央关于加快农业发展若干问题的决定》，指出："随着集体经济的发展，要逐步办好集体福利事业，使老弱、孤寡、残疾社员、残废军人和烈军属的生活得到更好的保障。"

人民公社时期的五保供养政策在当时对于保障农村最贫困群体的基本生存和生活，维护社会稳定发挥了重要作用。这一时期全国有条件的地区开始兴建和发展福利院，对五保对象的供养主要依靠人民公社内部的积累和节余，政府辅以必要的社会救济。因此人民公社时期的五保供养政策从本质上来讲属于互助共济，资金来源主要依靠集体公益金，以生产队或者生产大队组织实施，是以社区为依托，倡导建立的一种社区互助救济体系，政府给予的财政支持微乎其微。

三 农村经济体制改革时期五保供养制度的确立

肇始于农业生产合作社时期的五保供养制度，经过几十年的不断发展和完善，逐渐成为一项独具中国特色的保障鳏寡孤独和残疾人基本生活的制度。但是在具体实施过程中，从20世纪70年代末，随着人民公社的解体，农村五保供养制度在实践层面困难重重，很多地方五保对象的实际供养难以保证。农村实行了土地联产承包责任制以后，以集体经济为依托的五保供养工作遇到挑战，五保对象的实际生活由于资金的缺乏造成保障不足甚至没有任何保障。为了真正保障五保对象的生活，五保供养制度面临改革。

1980年9月，中共中央印发《关于进一步加强和完善农业生产责任制的几个问题的通知》，指出：在包产到户的社队，"对军烈属、五保户和其他困难户，要有妥善的照顾办法"。1982年1月，中共中央批转《全国农村工作纪要》中进一步指出："包干到户这种形式，有一定的公共提留，统一安排五保户的生活。"1985年中共中央、国务院颁布《关于制止向农民乱派款、乱收费的通知》，其中明确规定了如何解决五保供养经费的问题："乡和村……供养五保户等事业的费用，原则上应当以税收或其他法定的收费办法来解决，在这一制度建立之前……实行收取公共事业统筹费的办法。"1991年12月7日，国务院发布的《农村承担费用和劳务管理条例》第二章第八条规定："乡统筹费可以用于五保户供养，五保户供养从乡统筹中列支的，不得在村提留中重复列支。"近十年时间，国家颁布了系列规章制度，明确五保供养资金的筹措办法，但是80年代五保对象的生活保障力度较低，这一有中国特色的社会保障制度在部分地区几乎形同虚设。

在全国各地探索五保供养制度改革办法的基础上，1985年开始在全国逐步推行乡镇统筹解决五保供养资金的办法。截至1994年，全国3.1万多个乡镇实行了乡镇统筹，占乡镇总数的65%（郑功成等，2002）。1994年国务院发布《农村五保供养工作条例》，就五保的性质、对象、确定对象的程序、供养的内容和标准、经费来源与筹集办法等做出明确规定，并明确"农村五保供养的标准不得低于当地居民的一般生活水平"。这是我国第一部关于五保供养工作的法规，五保供养工作走向规范化、法制化，这一条例的出台对于完善和发展我国的五保供养制度具有重要意义。

为了提高五保对象的集中供养率，1997年民政部颁布了《农村福利院管理暂行办法》，明确了农村五保供养工作的筹资渠道和福利院各项建制，并且首次将这一制度纳入了法制化的轨道，进一步规范和发展农村福利院。1998年全国有222.6万人享受"五保"待遇，其中62万人由乡镇福利院集中供养。全年地方财政拨款1.27亿元，集体统筹资金18亿元（赵瑞证等，2002）。

在集体经济逐渐消解之后，五保对象的供养被纳入"乡统筹、村提留"的融资体系，以乡镇统筹资金的方式解决没有劳动能力的"五保对象"基本生活问题，从而使五保供养制度这一具有中国特色的农村社会救助制度得以延续。

四　农村税费改革后五保供养制度的变化

1998年开始试点、2002年开始在全国推行开来的农村税费制度改革，取消了过去"乡统筹、村提留"以及所有针对农民的行政事业性收费项目，包括五保对象供养在内的农村公益事业的经费来源由税收和财政转移支付。

农村税费改革旨在从根本上减轻农民负担，促进农村经济的持续发展，进而促进农村社会全面发展，但是这一改革却给农村的五保供养工作带来一系列挑战，主要原因是供养资金缺乏。首先面对的问题是供养标准低。例如江西省YX县，2002年分散供养年人均标准由原来的930元减少到400元，与税改前的2001年相比降幅达57%，是2001年全县人均纯收入的16.1%，远低于国务院《农村五保供养工作条例》规定的"达到当地居民一般生活水平"的标准，甚至与国定贫困线年人均625元也有一定的距离（景天魁等，2004）。这说明农村税费改革对五保供养政策影响较大。税费改革以后，农村分散供养五保对象所需资金主要以行政村为单位筹集，但由于财政转移支付五保资金严重不足、农业附加税量小且收缴难、村级集体经济几乎一片空白等原因，导致五保经费不能足额到位。另外五保供养还有一个主要问题是五"保"内容不全，这也和五保资金不足有直接关系。五保只能做到一"保",即保吃。绝大多数村级组织的五保供养资金来源局限于上级财政转移支付和农业税附加两项资金,存在较大缺口,所以,五保供养工作大多仅限于保吃,村级组织难以解决五保对象的保穿、保住尤其是保医等其他需求,对那些生活不能自理的五保对象也难以提供日常照料,因此五保对象的生活境况悲惨,"甚至有死在家中多日而无人所知的情况"(左高山、吴晓林,2009)。资金不足和农村税费改革是造成这种状况的直接原因,没有资金就无法提供足额保障,加上农村税费改革的一项配套措施是村组撤并、精减工作人员,因此,在村管理范围进一步扩大,而村、组干部减少的情况下,他们很难有时间和精力过问"五保"对象的生活状况,更难以保证对五保对象的生活照料。

为了解决农村税费改革之后五保供养资金不足的难题,2004年8月23日,民政部、财政部、国家发展和改革委员会共同发布《关于进一步做好农村五保供养工作的通知》(以下简称《通知》),《通知》不再强调五保供养制度的性质是"集体福利事业",而是强调各级政府责任,尤其是县、乡财政及上级财政转移支付的责任。《通知》强调要规范五保管理,实现应保尽保;加强资金管理,确保五保供养资金落实;加强福利院建设;发动社会力量,支持五保供养工作;进一步加强监督检查,确保五保供养政策落实等。该《通知》对于改进五保供养工作虽然有一定意义,但并没有涉及本质性的制度变革。

对这一时期的五保供养工作的调查研究较多,并且得出一些相似的结论,例如供养责任主体不明确、供养标准低、五保内容不全面等(左高山、吴晓林,2009),研究者从立法的角度提出要进一步规范五保供养工作,例如五保对象的界定、审批程序的公开公正性等,要求政府作为五保供养工作责任主体的呼声越来越高,1994年颁发实施的《农村五保供养工作条例》越来越不符合社会经济制度的变迁。

五 新时期五保供养制度的建立

国务院 2006 年 3 月 1 日起正式实施新修订的《农村五保供养工作条例》,1994 年 1 月 23 日国务院发布的《农村五保供养工作条例》同时废止。新《条例》明确规定"农村五保供养资金在地方人民政府财政预算中安排"。"有农村集体经营等收入的地方,可以从农村集体经营收入中安排,用于补助和改善农村五保供养对象的生活"。"农村五保供养对象将承包土地交给他人代耕的,其收益归该农村五保供养对象所有"。财政部门应当按时足额拨付农村五保供养资金,确保资金到位,并加强对资金使用情况的监督管理。中央财政对财政困难地区的农村五保供养,在资金上给予适当补助。可见,五保供养资金主要由地方政府财政划拨,农村集体经营收入是五保供养资金的补充,尤其是进一步明确五保对象的土地,房屋等收益归个人所有。新《条例》颁布实施之后,对于农村五保供养工作的调查研究较少,近年发表的相关文章也是以 2006 年之前的调查数据为主。根据笔者的访谈资料,2006 年之后随着新《五保供养工作条例》的颁布实施,农村五保供养工作发生了较大变化,例如应保尽保率提高、供养标准提高、五保内容基本实现等。五保供养制度基本能够满足五保对象的生理需求。

截至 2006 年,肇始于农业合作化时期的农村五保供养制度,经过五十年的不断发展和完善,逐渐从集体福利性质演变为公共财政供养性质的社会保障制度。由于解决了最主要的资金筹集问题,因此满足或部分满足了五保对象的经济需求。五保供养政策从萌芽、建立到不断发展变化,国家颁布了一系列法规逐渐建立、健全这一制度。从表 3-1 列举的国家关于农村五保供养工作的主要政策法规可以看出,在五保供养工作的发展变迁中,政策目标的制定越来越贴近五保对象的实际生活,旨在为该群体提供更完善的保障制度。新中国成立初期五保供养政策建立在社会主义集体经济基础上,集体组织以平等、公平的福利理念为支撑,承担了五保供养的

表 3-1 国家关于农村五保供养工作的主要政策法规

时间	文件名称	发文单位	主要内容
1956	一九五六年到一九六七年全国农业发展纲要(草案)	中共中央政治局	"五保"内容的界定和合作社的供养责任
1956	高级农村生产合作社示范章程	一届全国人大三次会议	初步形成五保供养政策
1962	农村人民公社工作条例修正草案	中国共产党八届十中全会	生产队可以从可分配的总收入中扣留一定数量的公益金,作为社会保险和集体福利事业的费用
1982	全国农村工作纪要	中共中央	要有一定的公共提留,统一安排五保户的生活
1985	关于制止向农民乱派款、乱收费的通知	中共中央 国务院	供养五保户等事业的费用,实行收取公共事业统筹费的办法
1994	农村五保供养工作条例	国务院	界定五保对象、明确五保内容、供养标准和筹资渠道等
1997	农村福利院管理暂行办法	民政部	强调五保供养的集体福利性质;福利院可以兴办经济实体,组织发展院办经济等
2004	关于进一步做好农村五保供养工作的通知	民政部 财政部 发改委	税费改革后,五保资金来源除保留原由集体经营收入开支的以外,从农业税附加收入中列支;村级开支确有困难的,乡镇财政给予适当补助;免征、减征农业税及其附加的地区,五保供养资金列入县乡财政预算
2006	农村五保供养工作条例	国务院	规范五保对象的审批程序;明确五保供养的各级政府职责;加强对五保对象的生活保障等
2006	关于贯彻落实《农村五保供养工作条例》的通知	民政部、国家发改委、财政部	规范五保对象管理;确保五保供养资金落实;按当地人均生活消费支出指标制定五保供养标准;加强农村五保供养服务机构建设与管理;解决五保对象的突出困难等
2006	关于农村五保供养服务机构建设的指导意见	民政部	指导和规范全国农村五保供养服务机构建设工作,进一步规范五保供养服务机构的布局、建筑、规模、设备、人员配备等
2007	"农村五保供养服务设施建设霞光计划"实施方案	民政部	自2006至2010年,各级民政部门要从本级留用的彩票公益金中,划拨一部分资金资助农村五保供养服务设施建设,同时争取地方政府加大投入

经济保障和生活照顾的主要责任；20世纪80年代改革开放，国家对经济发展高度重视，在"效率优先，兼顾公平"的价值理念指导下，集体组织的无力和无心导致五保供养政策对五保对象的保障受到资金和人力方面的制约；90年代在经济快速发展的前提下，社会呼唤政府责任的回归，开始关注一度被冷落的五保对象，颁布了明确的五保工作的指导规范，但是由于筹资渠道等方面的限制，五保供养的实际状况并没有得到改善；直到新世纪开始，现代社会保障制度的发展催生了对五保对象保障的发展，国家相继颁布了专门性法规。从政策法规颁布的时间也可以看出，80年代几乎没有专门涉及五保对象保障的规定，2000年之后相关制度增加，目标明确，具有较强的指导性、操作性。而且，2000年之前的相关政策法规更侧重于对筹资方式的规定，无意中造成"五保工作主要是经济或资金保证"的社会共识，只要有明确的资金来源和充足的资金保障，五保供养工作就能够做好。因此就造成了五保供养工作中重经济保障、轻照顾服务的倾向。在五保供养制度发展过程中，分别于1994年和2006年颁布的《农村五保供养工作条例》是最重要的法规制度，两者都明确规定了五保对象的界定、申请程序、五保内容、五保标准、供养方式等与五保对象的实际生活休戚相关的环节。因此，从新、旧《农村五保供养工作条例》的比较中能够清晰地看到政策导向等方面的改革。

第二节 新、旧《农村五保供养工作条例》比较

在我国农村社会保障体系中，五保供养制度是新中国成立以来唯一相对持续的社会保障制度，同时由于保障对象的特殊性和保障内容的全面性，被认为是中国社会保障领域内的创新和特色（肖林生，2009）。为了使五保供养制度有法可依、有章可循，1994年国务院颁布并实施了《农村五保供养工作条例》，这标志着我国农村五保供养工作进入规范化的轨道。但是随着社会经济的发展，农

村五保供养工作赖以运转的经济基础发生了较大变化，1994年颁布实施的《五保供养工作条例》中的某些规定不再符合农村的社会现实，尤其是五保供养筹资困难，导致多数地区五保对象生活难以保障。经过一系列的调查研究论证，2006年国务院颁布并实施了新的《农村五保供养工作条例》。比较新、旧《条例》的异同对于理解和执行农村五保供养制度具有较强的现实意义。

一 五保供养制度出台背景的不同

任何社会政策的制定都是基于当时的社会现实需求而作出的回应。1994年《农村五保供养工作条例》的制定，是为了解决农村地区生活无依无靠、无劳动能力的年老、残疾等社会成员的基本生活问题，逐渐形成的以村集体经济为依托、以社区成员互助为特色的社会保障制度。实现对这一群体的国家性保障制度的出台，充分体现了我国社会主义制度的优越性，尤其重要的是切实保障了农村最困难群体的基本生活。

随着农村经济体制改革，1994年制定的《条例》中的相关规定受到一定冲击，例如"五保对象"界定的操作化、五保对象的资金保障、五保对象的遗产处理、日常生活照料等问题日益彰显，作为新中国成立后农村社会保障制度中最具特色的最全面的五保供养制度逐渐流于形式，难以切实保障这一最困难群体的生活需求，因此在充分调研的基础上，国务院于2006年颁布了新的《农村五保供养工作条例》。

二 五保供养制度性质的变化

1994年的旧《条例》第三条指出"五保供养定为农村集体福利事业。农村集体经济组织负责提供五保供养所需的经费和实物，乡、民族乡、镇人民政府负责组织五保供养工作的实施"。第四条也规定由地方政府对五保工作中做出显著成绩的人员作出表彰和奖励。可见，五保供养工作主要是依托集体经济，在农村社区（村庄、乡）内部的救济互助行动。

2006年新《条例》则取消了"五保供养定为农村集体福利事业"的提法。第十一条规定"农村五保供养资金在地方人民政府财政预算中安排"，第五条规定"国家对在农村五保供养工作中做出显著成绩的单位和个人，给予表彰和奖励"，凸显了国家对于该项工作的重视。新《条例》将农村五保供养纳入到地方政府公共财政保障，既是避免五保供养资金不足、做好当前农村五保供养工作的应急之计，也是保障这部分农村困难群体实际生活的长效机制。

因此新《条例》的颁布使农村五保供养工作完成了由社区内部互助向国家社会保障的转变，更能体现现代社会保障制度的特点。我国宪法第52条明确规定："公民在年老、疾病或者丧失劳动能力的情况下，有从国家和社会获得物质帮助的权利"。社会保障的产生与发展源于对人的生存权的保护。作为农村"三无人员"的五保对象自然有获得国家社会保障的权利。新《条例》更能体现对五保对象生存权的法律维护。

三 五保供养资金来源的变化

五保供养资金的筹资方式一直是影响五保制度实施效果和五保对象实际保障水平的重要因素。新、旧《条例》的最大差别就是融资方式的变化。1994年《条例》第十一条规定，"五保供养所需经费和实物，应当从村提留或者乡统筹费中列支，不得重复列支；在有集体经营项目的地方，可以从集体经营的收入、集体企业上交的利润中列支"。村提留和乡统筹是指乡（镇）或村合作经济组织依法向所属单位（包括乡镇、村办企业、联户企业）和农户收取的费用。村提留通常包括公积金、公益金和管理费，其中公积金用于农田水利基本建设、植树造林、购置生产性固定资产和兴办集体企业；公益金用于五保户供养、特别困难户补助、合作医疗保健以及其他集体福利事业；管理费用于村干部报酬和开支。乡统筹费用于安排乡、村两级办学、计划生育、优抚、民兵训练、修建乡村道路等民办公助事业。因此从五保供养的资金来源上，可以看到五保供养工作实际上是社区内部的经济互助工作。但是由于五保供养资金和其他公益事业、农田水利基本建设以及村行政办公费和干部工资等都属于村提留部分，没有明确资金额度，来源和使用方向都难以保证。五保供养资金不能足额到位是造成五保供养中出现系列问题的最重要原因，导致五保对象的生活状况堪忧。

2006年新《条例》改变了五保供养资金的融资渠道。新《条例》规定"农村五保供养资金，在地方人民政府财政预算中安排"。有集体经营等收入的地方，从中安排的资金是用于补助和改善五保对象的生活水平，而不是保障五保对象基本生活的资金来源。"有农村集体经营等收入的地方，可以从农村集体经营等收入中安排资金，用于补助和改善农村五保供养对象的生活"。"中央财政对财政困难地区的农村五保供养，在资金上给予适当补助"，"财政部门应当按时足额拨付农村五保供养资金"。这一系列规定明确五保供养资金主要由地方人民政府财政支出的思路。新《条例》，实现了筹资渠道由社区筹资向公共财政筹资的根本性转变，实现了五保供养从农民集体内部的互助共济体制，转向国家财政保障为主，集体保障、土地保障和社会帮扶为辅的现代社会保障体制的历史性转变。显然，五保供养资金的来源更有保障，且新《条例》比旧《条例》规范性更高，制度化水平更高。

另外，旧《条例》中有关五保对象个人财产的规定是倾向于只拥有使用权，"五保对象的个人财产，其本人可以继续使用，但是不得自行处分；其需要代管的财产，可以由农村集体经济组织代管"。因此五保对象在获得五保供养资格之后，原有的土地就被村集体收回，或者只留下一点种菜的自留地；进入福利院集中供应的五保对象原有的土地和房屋等财产就全部归村集体所有。

土地归村里嘛，我是五保。就还有点自留地，种点辣椒白

菜，米要买。（做饭是）烧柴的，到后面山上去捡。（个案A11：杨爹爹）

我是2000年进福利院的。村里（村干部）送我来的时候，就把衣服什么的带来了，房子啊、土地啊，都没得了。吃五保嘛。他们让我摁手印我就摁了。（个案A02：李爷爷）

新《条例》则规定，农村五保供养对象将承包土地交由他人代耕的，其收益归该农村五保供养对象所有。根据这一规定，即使入住福利院集中供养的五保对象依然可以享有他人代耕土地的收益，作为自己五保供养资金的补充。不过在调查中发现，有的五保对象对新《条例》并不了解，村里动员他们进福利院之后还是取消了其名下承包的土地甚至房屋等个人财产。五保对象知道新《条例》中的相关规定，就不肯放弃土地，将土地交给他人（多是自己的旁系亲属），一来可以获得更多的被探望机会，二来觉得自己对旁系亲属多少有点作用和贡献，会对自己将来，尤其是身后事有一种保障。

现在我的房子还在，是原来老地方，现在空着，他们（其他五保户）有的签字（房子归村里）了，我没有签，自留地我哥修房子了。（个案A01：吴爹爹）

他们（兄弟及其家人）农忙完了有时候来看看我……土地给他们了嘛，他们会带点东西……以后老了还不是要靠兄弟帮忙，（敬老）院里就是一副薄棺材，一串（纸）钱，一挂鞭……要回村里埋的，要办事，都要花钱。我没得钱，就把房子、地给兄弟……他帮我……自己一点钱也没的，哪个管你吗？侄儿男女哪个管你……说老实话，没得钱不行。……（个案A08：刘婆婆）

在新《条例》颁布的一段时间，有些村干部对新《条例》的细节规定不是很了解，他们最关注的是资金来源的变化，"上面拨钱下来"，不再是村里承担了。"个人财产还是他自己的，他要给兄弟侄子就给"，但是对于土地，有的村干部并不认同选择集中供养的五保对象找人代耕土地的做法。例如在对四川省成都市WC镇GL村村干部访谈时，村干部认为，"吃五保嘛，是国家养起了，还要土地做什么！土地是村里的，要收回。"

因此在调查中发现，五保对象在土地、住房等处置方式上与村干部有明显的博弈现象，不一定遵照相关的法律规定。强势的五保对象不肯放弃的话，村干部就会听之任之；村干部强势些，甚至用哄骗等方法让五保对象签字按手印，五保对象心里不服，但是也无能为力。例如付爹爹（个案A05）所在村土地集体被征用，但是由于付爹爹参加五保，村干部认为他已经有五保资金了，不能享受土地征用金，每次付爹爹找相关干部交涉或者因生活困难寻求帮助时，村干部的解决方法只有一个，就是建议他到福利院集中供养。总体上讲，多数五保对象的土地尤其是承包土地基本被村集体收回，有少数五保对象还拥有自己的土地。五保对象对房屋以及宅基地的拥有和使用状况比土地略好，除少数参加五保较早的人之外，多数人还有自己的房屋或者将房屋自行处置，变卖或赠送亲朋，因此亲朋常来探望。相对而言，在五保供养资金保障的基础上，拥有土地或住房的五保对象，生活水平较高，尤其是土地，几乎成为造成五保对象不同经济分层的重要影响因素。

> 我有自己的房子，经常回房子看看，一般不到别的地方去，会经常扫一扫，怕时间久了会垮掉。还有两分多地，租给别人种，每月有240元的租金，可以贴补生活。（个案A02：李爷爷）
>
> 个人财产我没有签字，不过土地早就放弃了，因为以后可能房屋所在地会被征用，（大约有100个平方米），如果被征用的话，能够值十几万，我希望大队给我五万，现在给我也

行，所以每天要回去看看，怕房子倒塌。如果以后被征用而大队不给钱，我会到法院告大队。那是我自己的个人财产，是合理合法的收入。（个案A10：王爹爹）

我们村离这（福利院）不远，我经常回去，去地里干活……还种地……收的粮食就卖掉，我还要买药吃嘛，（福利）院里不管的……我血压低，院里没药，我到镇上打氨基酸，营养针，院里不报销的……零花钱不够，要买牙膏啊纸啊茶叶啊，我有点钱还可以买个鸡蛋什么的，就靠院里一个月30块，什么也不够。（个案A04：李爹爹）

五保供养政策的演变过程中，尤其是新、旧《条例》的变更，五保对象的个人财产逐步得到法律保护，五保对象对于自己承包的土地、居住的房屋等个人财产能够自由处置。国家关于五保对象的财产和遗产处置的相关规定逐渐一致。1958年3月，国务院给司法部《关于农村生产合作社中五保户死后的私有财产处理问题》的批复中明确指出："五保户死后的遗产除用于殓葬费用外，其余部分如死者有遗嘱按照遗嘱处理，如无遗嘱一律转归合作社集体所有，作为公益金。"1985年9月最高人民法院关于贯彻执行《中华人民共和国继承法若干问题的意见》第55条规定：集体组织对"五保户"实行"五保"时，双方有扶养协议的，按协议处理；没有扶养协议，死者有遗嘱继承人或法定继承人要求继承的，按遗嘱继承或法定继承处理，但集体组织有权要求扣回"五保"费用。以上可以看出，一部分五保资金是五保对象的个人财产换取的，享受五保供养意味着放弃个人财产处置权。1994年1月国务院颁布的《农村五保供养工作条例》，第18条规定："五保对象的个人财产，其本人可以继续使用，但是不得自行处分；其需要代管的财产，可以由农村集体经济组织代管"。第19条规定："五保对象死亡后，其遗产归所在的农村集体经济组织所有；有五保供养协议的，按照协议处理"。这两条与1985年最高人民法院关于贯彻执行

《中华人民共和国继承法若干问题的意见》第55条不一致，所以2000年7月最高人民法院又进行了修改并批复各地："农村五保对象死亡后，其遗产按照国务院《条例》第18、19条规定处理"。2006年1月，国务院颁布新的《五保供养工作条例》，原来关于五保对象财产处理的第18、19条删除，这意味着村组等集体组织回收五保对象遗产的主张不再具有法律依据。这一规定充分尊重公民的生存权，更好地体现社会公正。为了更好地执行新《条例》，2006年9月民政部最低生活保障司发布《关于贯彻落实〈农村五保供养工作条例〉的通知》，规定"要维护农村五保供养对象财产权益，尊重农村五保供养对象合法使用、处分个人财产的自由，禁止将是否把财产交给集体或国家作为批准享受农村五保供养待遇的前提条件"，这一规定保证了五保对象享受《宪法》中个人财产保护的权利。根据《中华人民共和国宪法》第45条规定，"公民在年老、疾病或者丧失劳动能力的情况下，有从国家和社会获得物质帮助的权利"，五保对象享受五保供养，是一种福利救助行为，是政府对公民实施的单向无条件救助行为，不应与个人财产进行交换。

只有加入五保供养之后，五保对象还拥有自己之前的财产，才能做到集中供养的五保对象"入院自愿，出院自由"，尤其是现在部分五保对象入住福利院的时候没有房屋或者将房子交给村集体，意味着他们一旦选择福利院就是不可逆转的，没有住房就难改变供养方式。

四 五保供养标准制定的合理性

1994年颁布的旧《条例》第十条规定，"五保供养的实际标准，不应低于当地村民的一般生活水平。具体标准由乡、民族乡、镇人民政府规定"。但是，由乡、镇政府自行确定五保供养标准，不利于政策落实和地区间五保供养工作的均衡发展。关于这一时期的一些实证研究也证实了五保供养工作地区间的差异性和不平衡性。

2006年颁布的新《条例》规定，"农村五保供养标准，可以由省、自治区、直辖市人民政府制定，在本行政区域内公布执行，也可以由设区的市级或者县级人民政府制定，报所在的省、自治区、直辖市人民政府备案后公布执行。国务院民政部门、国务院财政部门应当加强对农村五保供养标准制定工作的指导"。与旧《条例》相比，提高了五保供养标准制定机构的行政级别，由乡镇政府转变为省、自治区、直辖市人民政府，或设区的市级或县级人民政府。同时新《条例》还规定，"农村五保供养标准不得低于当地村民的平均生活水平，并根据当地村民平均生活水平的提高适时调整"，适时调整五保供养标准意味着该标准不是一成不变的，具有一定的弹性，会随着人民经济生活水平的提高作出调整。因此新《条例》建立了供养标准的自然增长机制，这为五保对象共享国家社会经济的发展成果，提供了更好的制度保障。

正是由于五保供养标准制定与执行的合理性，五保资金有保障，调查中村干部、一般村民认为现在的"五保户生活比孩子打工或不孝顺的老人好多了"。

五　五保对象审批程序的规范化

新、旧《条例》对于五保对象的资格界定没有本质不同，通常认为符合五保供养的要素包括：无劳动能力、无生活来源和无依无靠（即无法定赡养、抚养和扶养义务人或法定赡养、抚养、扶养义务人无能力），也就是通常所说的农村"三无人员"。但是新条例与旧条例相比，五保对象的认定在审批程序上存有较大差别。

旧《条例》规定的确立五保供养对象的审批程序比较简单，"应当由村民本人申请或者由村民小组提名，经村民委员会审核，报乡、民族乡、镇人民政府批准，发给《五保供养证书》"。缺失提名之后的公示等环节，也没有明确审批周期。因此在个别地区的具体执行过程中可能会出现一些不合理之处，例如笔者调查时发现同村村民不知黄云梅老人（个案B04）是五保户。个别地方符合条件的村民加入五保需请客送礼。

> 我从申请五保到批下来，有一年多哦，还要请村干部，不吃请他们不得批的……没么事公示，他们（村干部）就让写个申请，然后我见到他们就问问，总说"已经报上去了"，还没有回复，后来别人给我说得吃请，否则不得批的，我就请了三四次客……才批下来了。（个案B03：夏爹爹）

由于五保对象较多，县民政部门难以核实上报人员的真伪，因此可能会出现个别乡镇民政干部利用审批手续不完善等条件，虚报五保对象数目冒领五保金的现象。"某乡民政办的陶某……在2002~2005年，虚报五保供养对象50余人，截留资金23万余元"（胡冬青，2009）。类似这些不良案例固然是我国五保供养工作中的特殊事件，但是也折射出五保供养，尤其是按照旧《条例》，在审批程序这一环节上有待改进。

2006年新《条例》规定，由村民本人提出申请（因年幼或智力残疾不能表达意愿者，由其他村民或村民小组代为申请），"经村民委员会民主评议，符合……条件的，在本村范围内公告；无重大异议的，由村民委员会将评议意见和有关材料报送乡、民族乡、镇人民政府审核。""乡、民族乡、镇人民政府应当自收到评议意见之日起20日内提出审核意见，并将审核意见和有关材料报送县级人民政府民政部门审批。县级人民政府民政部门应当自收到审核意见和有关材料之日起20日内作出审批决定。对批准给予农村五保供养待遇的，发给《农村五保供养证书》；对不符合条件不予批准的，应当书面说明理由"。此外还建立了调查审核制度，"乡、民族乡、镇人民政府应当对申请人的家庭状况和经济条件进行调查核实；必要时，县级人民政府民政部门可以进行复核"。与旧《条例》相比，确立五保对象的审批过程是一整套相对完善的法定程序，增加了信息公告、调查核实、书面答复等规定，还明确了各个工作环节的时间周期。这使五保供养管理更严格、程序更科学、审批更公正。

六 新《条例》强化了相关部门的监督

1994年的《农村五保供养工作条例》建立了一定的监督管理制度，例如县级民政部门对于农村集体经济组织不能按规定供养五保对象的，应督促其限期纠正；对于五保供养工作人员贪污、挪用五保供养款物的，责令其全部退还，并给予其行政处分等；构成犯罪的，依法追究其刑事责任。但《条例》没有进一步作出对拒不执行五保供养的农村集体经济组织的制裁措施，造成有的地区五保供养经费发放不足，拖欠严重，有的地方只给五保对象维持生存的基本生活费，五保资金的发放比较随意，存在有钱就发、没钱停发，数月才发一次等不良现象，很难真正保障五保对象的生活（庄元明，2003），而且供养标准低、五保内容不全等成为多数地区共同存在的问题。

2006年新《条例》对于各级部门的职责作出了明确的要求，第十九条规定，"财政部门应当按时足额拨付农村五保供养资金，确保资金到位，并加强对资金使用情况的监督管理。审计机关应当依法加强对农村五保供养资金使用情况的审计"。在保障资金的基础上，对于五保对象的审批程序也有一定的监督，"农村五保供养待遇的申请条件、程序、民主评议情况以及农村五保供养的标准和资金使用情况等，应当向社会公告，接受社会监督"。此外，新《条例》还进一步明确了五保供养服务机构的职责和监督状况，"县级人民政府和乡、民族乡、镇人民政府应当为农村五保供养服务机构提供必要的设备、管理资金，并配备必要的工作人员"，"农村五保供养服务机构应当建立健全内部民主管理和服务管理制度"，且"工作人员应当经过必要的培训"，"农村五保供养服务机构应当遵守治安、消防、卫生、财务会计等方面的法律、法规和国家有关规定，向农村五保供养对象提供符合要求的供养服务，并接受地方人民政府及其有关部门的监督管理"。可见新《条例》明确了各级民政部门、财政部门、审计部门和乡镇政府监督管理五保供养工作的职责并制定了相应措施；建立了社会公告制度，接受社会监督；提出农村五保供养服务机构应当执行国家相关制度规定的要求。

七 新《条例》强调了五保供养中的政府责任

1994年的旧《条例》对于各级行政机构的职责没有明确分工。仅规定农村集体经济组织"负责提供五保供养所需的经费和实物"，因此农村社区是五保供养的实施主体；乡、民族乡、镇政府规定本区域内五保标准，即乡镇一级政府是五保供养工作的管理和监督机构；县级以上政府的职责相对较弱甚至没有明确要求。

2006年新《条例》带有明显的行政运作特征。国家通过对旧《条例》的调整和改革强化了政府在五保供养中的职能。新《条例》强调，国家、县级以上政府民政部门和乡镇地方政府分工负责。对于本区域内的五保供养工作，县级以上地方各级人民政府民政部门是主管，由乡、民族乡、镇人民政府具体管理，村委会协助乡、民族乡和镇人民政府开展工作。因此新《条例》加强了县级以上政府民政部门在五保供养中的直接责任。五保标准的制定也由原来的乡、民族乡、镇人民政府上升到设区的市级或者县级人民政府制定并报省级人民政府备案或者由省级人民政府制定。同时为了更好地保证五保对象的生活，《条例》规定县级人民政府和乡、民族乡、镇人民政府应当为五保供养服务机构提供必要的设备、管理资金，并配备必要的工作人员。《条例》还要求"地方各级人民政府及其有关部门应当对农村五保供养服务机构开展农副业生产给予必要的扶持"。五保供养服务机构和村民委员会作为直接服务组织，要与乡、民族乡、镇人民政府签订供养服务协议，"保证农村五保供养服务对象享受符合要求的供养"。行政责任的强化标志着五保供养的实施具有更多的强制性色彩，有助于保障五保对象的生活。

同时，新《条例》还增设了"法律责任"一章内容，对有关行政机关的工作人员、村委会组成人员、五保供养服务机构工作人员以及村民委员会和农村五保供养服务机构的违法违纪行为，明确了相应的法律责任，使五保供养工作更加规范化和法制化。

总之，2006年新《条例》与1994年制定的旧《条例》相比（参见表3-2），最重大的变化是政府实际承担了对五保对象社会保障的责任，解决了集体经济瓦解之后长期存在的五保供养资金筹集困难的主要问题，从性质上讲实现了对五保对象的生活救助由集体内部互助共济为主向政府提供社会救助为主的根本性转变，新的五保供养制度更适应当前我国农村社会经济发展状况，更能体现社会公正，切实保障五保对象的实际生活。

表3-2 新、旧《条例》的比较分析

文献内容\条例		1994年旧《条例》	2006年新《条例》
性质		农村集体福利事业	（无明确规定）
供养标准确定主体		乡、民族乡、镇人民政府	省级人民政府制定，或由设区的市级或者县级人民政府制定并报省级人民政府备案。
供养管理体系		乡镇政府管理居首位	各级政府分工实施
供养物资	主要来源	村提留或乡统筹	地方政府财政预算
	辅助来源	集体经营收入或上缴利润	集体经营收入；供养对象承包地收益；中央财政对财政困难地区的适当补助
人力服务提供主体	集中供养	福利院	供养服务机构
	分散供养	受委托的抚养人	村委会及供养服务机构
五保对象财产处置		个人财产不得自行处分	（无明确规定）
五保对象遗产处置		归集体经济组织；按照供养协议处置	（无明确规定）

第三节　农村五保供养制度实施的现状

2006年新《条例》颁布之后，各地五保对象的生活状况都发生了一定的改善，五保对象人数明显增加。2006年开始，全国农村五保供养人数持续在500万以上，年增加20万人左右，基本实现应保尽保，供养标准也有稳定提高。虽然新《条例》的颁布一定程度上能够进一步完善原有的五保供养制度，但是即使颁布了新的《条例》，在五保供养的实际工作中，依然有些《条例》中未提及或未明确之处，例如评定五保对象中出现的特例、调查审核制度是否会使得五保对象自尊心受损，供养方式自主性与地方政府倡导的集中供应率不吻合现象等。

一　"五保对象"界定问题

新、旧《条例》中关于五保供养对象的界定大同小异，基本上都是农村"三无人员"，即老年、残疾或者未满16周岁的村民，无劳动能力、无生活来源又无法定赡养、抚养、扶养义务人，或者其法定赡养、抚养、扶养义务人无赡养、抚养、扶养能力的，可以享受农村五保供养待遇。但是这一界定并不明确，尚存部分需要进一步量化可操作的指标。

首先，关于五保对象的年龄问题。《条例》中笼统地指称为"老年"，按照世界卫生组织的界定，年满60岁为老年人；按照我国依然维持在新中国成立初期的退休年龄框架，男、女干部与2人的法定退休年龄分别为60岁、55岁、55岁和50岁。由于没有一个统一的标准，各地具体执行就有差异。调查发现，四川成都、湖北当阳等地的普遍做法是以是否年满60周岁为衡量指标之一，没有考虑性别因素差异。不满60周岁但是没有劳动能力或者自我保障能力较差的村民暂时纳入低保范畴，等年满60周岁之后再纳入五保。但是也有的地方不按照年龄而是按照劳动能力或者其他方面来评定是否具备五保资格,例如广西某县一位已经67岁的老人,因为村委会认为他本人能够劳动,一餐能够吃一两碗饭喝一二两酒,不同意批准为五保对象(陈秋明,2006)。所以在年龄上最好有一定的量化界限,但是又不能完全以某一年龄(例如60周岁)一刀切,如果"老年人"的界定按照年满60周岁的惯例,就意味着一部分年满60周岁但是还有劳动能力的人纳入了五保供养政策体系,另一部分没有劳动能力但是还不满60周岁的村民却被拒之门外。所以可以由国家制定或者省级政府制定一个年龄标准,达到此年龄和其他条件的村民即可享受五保供养,如果没有达到规定年龄,但是确实没有生活来源和劳动能力的,同时参考其他指标,由村民委员会或村民代表大会根据实际情况定夺。

其次,难以衡量五保对象是否具备劳动能力。是否具备"劳动能力"的认定直接关系到五保对象的界定。如果将五保供养政策作为社会福利制度的话,从福利制度的普适性出发,不应再考虑五保对象是否具有劳动能力,村民在年老、残疾、无义务供养者的情况下就应当作为五保对象享受五保待遇;如果将五保供养政策视为社会救助制度,是对农村中最困难群体的基本生活保障制度,则应将是否具有劳动能力、是否有生活来源纳入衡量指标。此外,是否具备劳动能力很难操作化,对于农村村民而言,基本上"活到老、干到老",没有明显的"在职"和"退休"之分,可能70岁依然能够在田地耕种,是否属于具备劳动能力,不应该享受五保待遇?本书主张五保供养制度应体现福利制度的普遍原则,不考核老年村民是否具备劳动能力。

再次,有无生活来源的界定也存在困难。如果五保对象的认定必须满足生活中没有任何收入、没有任何生活来源的条件,势必会使得原本生活积极性就不太高的潜在五保对象有一定劳动能力的时候不够积极,丧失了工作、储蓄的热情,过度依赖政策保障,真正变为农村中最困难的群体。如果五保对象做些力所能及的事情换取一点经济收入,可能就会因为他有生活来源而不符合五保的标准,这种做法可能会把富裕的无依无靠的五保老人排斥在外，导致五保对象在年轻时丧失工作和储蓄动力，因此陷入西方国家提出的社会救助的"储蓄陷阱"（贡森，王列军，2003）。应当鼓励五保对象参与到必要的劳动中，开源节流并存才能满足其各方面的需求。例如在四川成都 WC 镇的调研中，有位 80 多岁的李婆婆（个案 A09），进福利院之后一直在路边摆小杂货架，贩卖香烟、茶叶、糖果、点心等，每个月有二三百元的进账，她是否属于"有生活来源"，是否应该享受五保供养引发福利院工作人员和院友一些争议。但是事实上李婆婆的生活来源并没有保障，2006 年进货的时候发生意外右腿骨折之后就再也没有能力去进货摆摊，生活来源完全靠五保供养。关于李婆婆能否享受五保供养的争议没有了，但是李婆婆生活水平下降却是一个不争的事实。五保供养政策不是要将所有符合条件的人全部由政府提供生活保障并且维持在相同的较低生活水平上，而是希望在政府的帮助下过上更好的日子，应该鼓励五保对象做力所能及的事，满足其自我实现的需求。

最后，"法定赡养、抚养、扶养义务人无赡养、抚养、扶养能力"如何操作化的问题。通过对村干部的调查得知，村干部通常认为五保对象的界定中最重要的因素是无儿无女、年满 60 岁，并不重视其他因素如生活来源、劳动能力等。因此可见是否有子女，尤其是儿子是一个很重要的参考条件。只要有儿子就不能申请五保供养，这是毋庸置疑的。如果生育女儿，女儿嫁人后，老人满 60 岁之后通常能够申请五保待遇，例如四川成都 W 镇福利院的李婆婆（个案 A09），育有一女，已经嫁人，满 60 岁的时候申请五保供养，村委会上报并审批通过。2006 年之后这一现象发生变化，育有女儿的老人同样不能确立为五保对象。因为国家政策例如计划生育政策强调"生儿生女都一样，女儿也是传后人"，所以育有一个或两个女儿的老年人是有赡养人的，不应被纳入五保。在湖北当阳的调查中，村干部明确指出，即使某个村民生育的是女儿，且女儿嫁到外村，也不能享受五保待遇。

另外关于是否有"能力"赡养、抚养或者扶养也是一个有争议的问题。由于现在城市化的发展吸引了大量的农村劳动力，造成法定义务人与义务对象的空间分割，使得基层组织难以判定这些在外工作的人是否有对义务对象的"赡养、抚养、扶养能力"。而且即使没有外出打工，但是碰到不愿赡养老人，亲子关系很恶劣的家庭，能否将老人纳入五保供养的范畴也是令实际工作者为难的事，往往在实际执行中出现随意性。例如调查的湖北当阳的黄云梅老人（个案B04），今年77岁，育有一子，2005年申请五保供养，明确写出因为儿子不孝顺等原因，已经和儿子脱离母子关系。村委会最初认为她不符合五保户标准，经过一年时间的调解，最终为她办理了五保供养手续。村委会上报黄云梅老人申报五保供养材料的主要依据是"法定赡养、抚养、扶养义务人无赡养、抚养、扶养能力"，事实上，其义务人不是"没有"赡养能力，而是不尽赡养义务，显然这并不符合五保对象的认定条件。调查中不少村民反映"现在的五保政策好啊，五保户比子女不孝顺或者不能干、挣钱少的人家过得还好"，如果允许类似条件的农村老人申报五保供养的话，可能无意中助长和"鼓励"子女放弃对父母的赡养义务，因此，对于黄云梅老人这样的案例，村委会还是应该选择改善亲子关系，尤其是加强对其儿子的法制教育和监管，在社区倡导良好的家庭道德观念，使其担任赡养老人的义务。

另外，关于五保老人再婚后在法律上有了儿女，是否应视为是有赡养人的呢？笔者在湖北当阳BY镇调查中就碰到类似案例。王开珍老人（个案B05）因为婚后没有生育，领养了一个女儿，丧偶后现在享受五保待遇。一年前王婆婆和从黄石某钢厂退休回家的黄爹爹结婚，黄爹爹有一个亲生女儿，也已经成家。王婆婆再婚后还在享受五保供养待遇。这个案例可以看出，按照法律规定，王婆婆首先是有一个女儿，即使是领养的，但是在法律上和亲生子女一样的权利和义务；另外，再婚后王婆婆在法律上又有一个女儿，因此王婆婆是否符合没有赡养人或者赡养人没有赡养能力呢？按照新

《条例》，并没有规定独女户的老人应该享受五保待遇，而且不少地区在实践中开始认同女儿也应尽对父母的赡养义务，不再把独女户视为五保对象，因此类似王开珍老人，还有上文提到的四川成都WC镇的李婆婆，都不应当享受五保供养待遇。不过当地多是按照"新人新办法，老人老办法"处理，已加入供养的五保对象不会按照新《条例》取消其资格。但是再婚后能否享有五保待遇的问题，是《条例》中没有提及的。笔者认为，应当根据五保供养的传统和当地居民的文化习惯区别对待。应当在评定五保对象的时候对此有明确规定，例如湖北洪湖地区在确定五保对象的工作中采取了不同情况区别对待的办法，为了保证五保老人的生活，五保老人晚年结婚一方有子女的，只能确定一人为五保对象，成年子女应对亲生父母尽赡养义务。

二　五保申请中的调查审核

对申请人员进行调查审核是保证五保资金用于保障指向的目标群体实际生活的一种做法，是为了杜绝社会保障"养懒汉"现象的一项审核制度。早在英国伊丽莎白济贫法中就有对救助对象的审核制度，尤其是对贫民实行院内救济时有严格的审核制度，"进入济贫院的贫民必须经过严格的财产审查，证明其真的处于贫困状态时，才被允许进入济贫院"（丁建定，2002）。这种做法实质上是一种"目标定位"，是为了保证把福利资源分配给最需要或最贫困的人群。这就涉及如何定位"谁"是需要帮助的群体。常用的方法之一就是对申请人开展家计调查，获得其有关收入水平和财富状况的资料，并以此为依据决定其是否有资格享受福利待遇。目标定位的方法简单容易操作，表面上看来兼具了收入再分配中的社会公平性，同时可以保证福利资源的有效运用，但是这一方法也有显而易见的弊端，例如给申请者带来的耻辱感，"也许是由于社会援助的过程，也许是因为领取了公共援助这一事实本身，总之，当申请人（或潜在申请人）觉得自己成了'另类公民'（贬义的）时，耻辱感便油然而生"，耻辱感虽然是目标定位的方法引起的，但同时它也会影响到目标定位的实施，因为潜在申请人可能会因此在即使具备申请资格时会放弃申请（郑秉文、孙婕，2004）。在四川成都 WC 镇的调查对象杨爹爹（个案 A11），因为无儿无女，村干部在 2006 年为他和妻子办理了五保供养手续，五保供养资金是每个月直接打入其存折账号，但年终的时候有时会有"上头"发下来的米、面、油等春节慰问品，村干部不送下来，他是不会去要的，而且提到当前居住的百年土屋因为漏风等原因需要修葺的时候，杨爹爹说："算了，为了几片瓦还要去找他们（村干部），我自己有手有脚，我不去管他们要"。在杨爹爹的心里，吃五保是件没有办法的事情，主动索取物资是没有"必要"、没有尊严的一件事，自己能够解决的就自己解决。固然有的五保对象认为自己年轻时也为国家作出了贡献，现在年纪大了，政府保证自己的衣食住行是应该的，已经习惯了"等、靠、要"，但是也有些五保对象像杨爹爹一样，觉得自己能够解决的就自己解决。

2006 年新《条例》规定，五保对象的评定程序是村民申请——村民委员会民主评议——本村公告——报乡镇人民政府审核——县民政部门审批，而且要求"乡、民族乡、镇人民政府应当对申请人的家庭状况和经济条件进行调查核实；必要时，县级人民政府民政部门可以进行复核。申请人、有关组织或者个人应当配合、接受调查，如实提供有关情况"。在经过了村民委员会评议和本村公告阶段，如果对申请人有重大异议的，村委会就不能上报乡镇人民政府，如果这一环节能够认真贯彻下去，就不必由乡、民族乡、镇人民政府的调查审核，因为调查审核势必会激起申请人的贫困感、无助感，甚至羞愧感。

三 关于五保供养形式的选择问题

1994 年旧《条例》中规定，"对五保对象可以根据当地的经济条件，实行集中供养或者分散供养"，并且要求"具备条件的乡、民族乡、镇人民政府应当兴办福利院，集中供养五保对象"。在这些相关规定的指导下，多数地方政府认为提高五保对象集中供养率是一项"民生工程"，并将其纳入考核民政工作的重要内容之一，把提高五保对象集中供养率作为民政工作的重点和难点之一来抓。尤其在构建和谐社会和社会主义新农村的背景下，民政部积极推动"霞光计划"的实施，各级地方政府更是纷纷提高供养标准和加大福利院的建设力度，一些省份层层下达集中供养人数和集中供养率指标，并纳入年度考核指标（赖志杰，2008），有的地方甚至提出了农村五保集中供养率达到80%的硬性目标。但是这些一味追求高集中供养率的片面做法，并不是新《条例》规定或提倡的。新《条例》规定，"农村五保供养对象可以在当地的农村五保供养服务机构集中供养，也可以在家分散供养。农村五保供养对象可以自行选择供养形式"，可见五保对象供养形式的选择具有很大的自主性，不应被当做一项硬性指标。有些地区为了完成省市所提出的指标，过于重视动员工作，甚至以"哄骗"等方式将五保对象集中供养，还有的地区"弄虚作假"，将分散供养的五保对象纳入福利院的名单，但实际上还是分散供养形式。这些做法都违背了《条例》的本意，本身福利院集中供养，一定程度上具有可以降低生活成本，增加五保对象的社会交往、提供一定的心理归属感等优点，但是应当是五保对象自身认识到福利院的条件比分散供养优厚，能够提高自己的生活质量，自愿、主动到福利院，而不是作为一项硬性指标。因此，应当提倡加强对五保供养服务机构的改善，吸引五保对象主动、自愿入住。例如新《条例》要求各级政府为农村五保供养服务机构发展农副业提供必要的扶持，把农村五保供养服务机构的建设纳入经济社会发展规划，为其提供必要的设备、管理资金，以及配备必要的工作人员，农村五保供养服务机构健全内部民主管理和服务管理制度，对工作人员进行培训等，这些措施的完善必然会伴随着五保供养对象的肯定以及影响五保对象的居住意愿和供养形式的选择。

总之，新《农村五保供养工作条例》的颁布更加符合我国当前五保供养工作的现实经济社会环境，更能体现对五保供养对象的人文和人性的关怀，虽然《条例》依然有个别不够完善之处，但是各级政府可以根据自己辖区的实际情况制定具体的五保工作制度，更好地保障五保对象的生活。

第四节 小结

综上所述，从五保供养制度的建立与发展，新、旧《五保供养工作条例》的比较和新《条例》颁布实施以来的概况分析，五保供养制度的形成与建立是基于五保对象实际生活的需求，但是受社会政治、经济等条件的制约，对该群体的实际保障在不同时期有不同变化。新《条例》虽然比旧《条例》责任明确，分工合作，从制度上进一步规范了五保供养工作的执行，但是依然存在重经济支持、轻服务提供的现象。所以整体上看，当前五保供养制度侧重供给角度，侧重从上而下的政策制定与执行，尤其是侧重供养资金的保障，虽然一定程度上能够满足五保对象最重要、最基本的生存需求，但是忽略了五保对象自身的主观能动性和作为政策保障客体的需求性。因此，自下而上地把握五保对象的实际需求，依循该群体的实际需求进一步完善五保供养制度具有重要意义。

第四章　农村五保对象的经济需求及其保障

我国农村五保供养制度在人民公社时期开始建立，在一定程度上保障了五保对象的基本生活达到或基本达到当时社员的生活水平。随着农村集体经济发展变迁，五保对象的实际生活水平逐渐发生变化，尤其在1996年以后集体经济相对减少，五保对象的生活水平随之下降，取消涉农税赋之后的五保供养资金从村集体转向国家财政，但是在实际执行过程中部分地区反而使得五保对象既失去了村集体的保障，也没有得到国家政府的保障，生活水平进一步下降，远远低于当地平均生活水平。2000年前后学术界开始关注五保对象的生活现状，尤其是关于五保对象的供养内容"保吃、保穿、保住、保医、保葬"有较多实证调查研究，从一个侧面反映了该群体的生活现实不容忽视，另一方面也促进了社会各界对五保供养工作相关政策的反思。

2006年之前关于五保供养状况的研究基本有个共同的结论即五保对象生活状况堪忧，主要表现之一就是五保内容不全面，在有些地区，五保甚至退化为两保（保吃、保葬）甚至一保（保吃）（洪大用等，2004）。通常五保对象综合五保供养资金以及自我保障之后能够勉强维持吃饭问题，但是常年少见荤腥；住房多是砖土结构，而且是当地最差住房，或者因无房、危房等寄人篱下；医疗需求最难保障，五保对象生病很难及时得到救治，尤其是大病；较多五保对象会提前为自己准备好后事，最起码备好棺材。可见当时五保对象的生存保障并不完善，村级组织，地方政府等提供的支持难以满足五保对象基本生活的需求。

2003年民政部组织专家对安徽、江西、青海、山东等地五保供养状况展开实地调研，并在此基础上提出严格五保界定标准、重新划分各级政府责任和建立社会救助制度等解决思路（民政部五保工作调研组，2004）。2006年国务院颁布了新的《农村五保供养工作条例》。新《条例》颁布之后，由于保证了资金的来源，五保供养水平虽然没有达到《条例》规定的"供养标准不得低于当地人民的平均生活水平"，但是较之前有了很大提高。民政部公告77号显示，截至2006年11月30日，分散供养标准全国平均数由原来的每人每年1332元提高到了1691元，增加26.95%，集中供养标准由1844元提高到了2229元，增幅为21.88%（李春根、赖志杰，2008）。根据民政部《2010年社会服务发展统计报告》，截至2010年底，分散供养标准提高到每人每年2102.1元，集中供养标准提高到每人每年2951.5元。

本章节主要分析五保对象经济需求的保障问题。分为六个部分，即五保供养的基本内容"保吃"、"保穿"、"保住"、"保医"、"保葬"的基础上增加五保对象日常生活零花钱的需求。通过对上述几方面的分析，考察现行五保供养制度的运行以及保障效果，并将其与之前学者的调查研究进行对比。

第一节　五保对象的"保吃"需求及其保障

饮食是人类生存的必备条件，是最基本的生理需求，是生存保障的底线，因此在五保内容中"保吃"排在首位。即使在五保资金运行困难，五保内容不能够完全保障的情况下，在某些地区即使五"保"沦为一"保"，首要解决的也是五保对象的吃饭问题。

新中国成立初期，1953年中央人民政府内务部制定《农村灾荒救济粮款发放使用办法》规定，把无劳动能力、无依无靠的孤老残幼定为一等救济户，按照缺粮日期全部救济。"以大米、小麦、小米为主食的地区，每人每日按12两计算"（崔乃夫，1994）。五保供养制度建立初期，农业生产合作社（1958年人民公社化后改为以生产大队为单位安排，1962年后又改为以生产队为单位）通过对有一定劳动能力的五保对象适当照顾工分、补助劳动日、补助款物等形式，保证了大多数五保对象的生活；"文化大革命"期间虽然有平均主义的分配形式做后盾，但是五保供养工作基本无人问津，很多五保对象吃"瓜菜代"（宋士云，2007）；家庭联产承包责任制以后，有些地方没有及时适应农村生产管理和分配形式的变化而采取相应措施，使五保对象的生活得不到应有的保障，生活水平大幅度降低，一些地方只是负责粮食的供给，有些地方把供给五保对象的粮、款摊派到村民各户，由五保对象自己上门收取，或让五保对象到各家轮流吃派饭，有些地方直接分给五保对象责任田，与其他村民一样，靠五保对象自食其力等；随着农村社会经济结构的变迁和政府对五保供养工作的重视，单纯的粮食供应逐渐转变为货币补贴，所有的五保内容基本都包括在货币补贴中。这一变迁过程可以由刘婆婆（个案A08）的五保经历中略见一斑。

　　刘婆婆，84岁，丧偶，无子女，年满50岁的时候就加入农村五保供养。当时村里分田到户的时候就在"吃五保"，"没有要责任田，只有一点自留地，那时候年轻，自己种点菜，村里每年给每个五保对象400斤大米"，别的任何形式的补助都没有，但是她觉得生活还可以，和其他村民的生活相差不大，"别人过得，我们也过得"。后来村里不再直接提供大米，改成让他们自己挨家挨户到村民家中要自己的"供应粮"，村民给的"多点少点都没关系，够吃"，慢慢开始有一点现金补贴，"不记得是哪一年了，分了30元钱，后来又是一年50，再后来提高到100，是慢慢加上来的"，"再后来就没有粮食了，村民不出粮食，上面（民政）三个月给500元钱，自己买粮食买别的东西，我也种不得菜了，全靠买着吃……我身体也不好，考虑了好久啊，去年就到福利院来了，管吃管住，一个月有30元钱……"

从刘婆婆加入五保供养之后的个人生活史可以看出，除了人民公社时期村集体承担五保对象的粮食、蔬菜等吃饭问题之外，当地的五保供养工作大致经历了集体提供粮食到五保供应粮落实到村民各家各户，到后来取消粮食的直接供给，取而代之以货币补贴的形式。无论哪种形式的五保供养保证，相对低龄、身体健康、有一定工作能力的五保对象，在集体或国家救助的基础上适当地自我保障，他们基本能够保证自己的生活，尤其是在饮食方面。但是对于高龄、身体健康欠佳、没有工作能力的五保对象，满足自己的生活存在一定困难。2006年新《五保供养工作条例》颁布后，无论是居家的分散供养五保对象还是入住福利院集中供养的五保对象，都认为五保中的"保吃"现在已经得到保证，不再是"每天只有两顿充饥，且数月难闻肉味"（杨团、张时飞，2004）的凄惨状况。

一　集中供养的五保对象的"保吃"需求及其保障

访谈资料显示，四个福利院的伙食都能够满足五保对象基本的"保吃"需求。早饭一般是稀饭、面条、馒头、咸菜等，中饭米饭及两个炒菜，晚饭也是以米饭、炒菜为主，从饮食的花色品种上讲，与当地农村居民的差异不大。吃肉是人们对饮食评价的一个重要指标；适当摄取肉类是保证人们身体健康的必要条件，而且福利院工作人员和五保对象一样，会在访谈中刻意提及饮食中对荤菜的供应。例如WC镇福利院的荤菜"隔顿不隔天"（每天中餐有荤菜），BY镇中心福利院的"两天一个牙祭"（两天有一个荤菜，其他时间为素食），WA镇福利院和WD福利院是"一周两次牙祭"（一周会有两次荤菜）。

> 以前（BY 镇中心福利院 2006 年院长换届，五保对象习惯将两任院长的任职时间作为记忆中主要时间轴）周院长的时候一周一个牙祭，就是用肥肉炒个菜，黄瓜、萝卜。现在张院长好些，一周两个牙祭，有时候是猪肉有时候是鸡肉……鱼肉蛮少吃，我们没得鱼塘……现在吃得蛮好。（个案 B03：夏爹爹）

> （福利院）生活可以，平常早晨稀饭馒头嘛，中饭两样菜，这么大的一坨肉……天天中午都有肉，猪肉鸡肉鱼肉轮着……（个案 A02：李爷爷）

> （福利院）吃的可以。一周两次牙祭。生活比在屋里好多了，在屋里生活又怎样？现在农村农户也差不多，也不可能天天吃肉。大锅饭吃饭吃菜多少没有限制，不过也不提倡浪费。福利院的伙食和当地农村的农户还是有点区别，农户的菜少些，种类少，大锅饭味道差些，但是花样多。（个案 B06：万大哥）

五保对象对于福利院的饮食保障满意度较高，尤其是在饮食供应量方面，因为福利院通常是非定量供应，"吃多少随意，没有人限制"，饭菜都是管饱，所以五保对象对于饮食供应量普遍满意度很高。在花色品种、营养搭配和饮食卫生等方面只有个别五保对象略有不满，所占比例较小（参见表 4-1）。

表 4-1 集中供养五保对象对饮食的满意度（N=42）

单位：%

	很满意	比较满意	一般	不太满意	合计
伙食供应量	56.1	43.9	0	0	100
花色品种	44.7	44.7	5.3	5.3	100
营养搭配	39.0	53.7	4.9	2.4	100
饮食卫生	50.0	44.7	2.6	2.6	100

福利院在保障五保对象"吃饭"这一基本需求上的最大优点在于伙食定时供应，无需五保对象自己采购和烹饪，对于卧病在床或

行动不便的五保对象来讲，基本可以"饭来张口"。所以五保对象对福利院的饮食安排满意度较高，觉得在福利院"到点就有饭吃"，"生活可以，经常有肉"，"随便吃，吃多吃少，没有限制"等。

这边（福利院）生活好。早上稀饭馒头，中午有肉。今天晌午我们吃鸡肉，（炊事员）上街去买鸡了，晚上就是素菜。吃得好！（个案A09：李婆婆）

福利院"保吃"工作做得好也会成为吸引五保对象选择集中供养方式的重要影响因素，尤其是对于男性五保对象。因为居家分散供养时他们最大的困难是吃饭问题。我国传统文化中有"男主外，女主内"的性别分工模式，女性负责料理日常生活中衣食住行，男性外出工作，很少参与煮饭等家务劳动。一旦他的照顾者不能提供照顾的时候，可能造成他面临的最大问题就是如何才能满足自己最基本的生存需求——有饭吃。有的人会学习做饭，有的人就选择入住福利院。例如龚老师（个案A06），他和妻子以前都是分散供养的五保对象，2003年妻子去世后，一个人生活了半年后决定改为集中供养，最主要的原因就是"自己不会烧饭，又没得地方吃"，"自己一个人在家时候的饮食就不好，有时不想做，有时饿了还没有烧饭，等到自己生火（自己到山上拣柴）做好饭，又不想吃了……我就想到福利院来"。在WC镇福利院还有一个把福利院当做食堂的五保对象王爹爹（个案A10）。王爹爹早年离异，经济状况较好，每天早、中、晚骑电动车到福利院吃饭，饭后就回自己家，他选择"集中供养"主要是为了满足吃饭难的问题。

我每天到时候就来这里（福利院）吃饭，吃完饭我就回家……有时候有事就不过来吃，他们（工作人员）不管。我家里没有开火烧饭，早就不烧了，以前一个人在家，没饭吃，有时候到嫂嫂家吃,后来嫂嫂死了,我就来福利院吃。我以前骑自行车,现在买个电动车,十几分钟就来了……这里吃得好,比家里吃得好。(个案A10:王爹爹)

即使福利院的饮食能保证定时不限量,但也难免出现众口难调的现象,这是机构式照顾常见问题——个别需求难以满足。例如有的老人因为自身原因,大锅饭不能满足自己的需要,或者是想改换口味,这时候的自主性需求就很难保证。有些经济条件好的五保对象会自己买些鸡蛋、点心等补充,个别五保对象偶尔会自己煮一点,所需食材可以到福利院食堂免费取用,例如院办菜地种植的青菜等等,但是鸡蛋、肉类等不能拿来做小锅饭。

整体上看,集中供养五保对象在"保吃"方面"能吃饱"的最低需求能够满足,在此基础上"吃得好"的较高需求能够部分满足,但是对于五保对象饮食上的个别性或者自主性需求就难以兼顾。除花色品种难以兼顾所有五保对象外,吃饭时间固定,是部分分散供养的五保对象不愿到福利院集中供养的原因之一,这也是"大锅饭"难以避免的缺点。但是福利院规律化的饮食习惯对于长期生活随意的五保对象而言,有时候也是一件好事,利于他们培养较好的进食习惯。

我不要去(福利院),早饭起来晚就没得吃的,我在家几自由!(个案B04:黄云梅)

我以前在家不吃早饭,刚来(福利院)的时候不习惯,现在习惯了,每天吃早饭。(个案A01:吴爹爹)

总之,多数五保对象对"保吃"方面满意度较高,而且他们"保吃"的需求并不高,"有的吃就行",认为福利院能够保证自己的一日三餐就可以,对于"吃什么"并没有具体的要求,基本没人提出营养搭配合理的要求。

二 分散供养的五保对象的"保吃"需求及其保障

从饮食供应的角度来讲,农村分散供养的五保对象通常还具备较好的生活自理能力,五保供养资金在保吃方面最大的开销是日常买米,自留地生产的蔬菜基本能够满足日常小菜供应,个别五保对象还能够略有节余,例如种的油菜用来榨油。

> 自己拿钱买点米,菜自己种,没什么困难。这么多年我没有烧过煤,全部是柴,我有柴嘛。一周买一次肉,得节约点啊,什么都要买,一个月最多吃四回肉。我没有牙齿,只能吃肥肉,吃不得瘦肉,我还要喝酒,现在清早不喝,中午晚上喝六两酒……我不去福利院,那里管吃管住,但是没有钱,喝酒、吃茶都要钱……(个案A11:杨爹爹)

> 我自己开荒,自己种的青菜,自己吃。米、油要么买要么是他们给我。我帮别人做事,告诉别人说我不要钱,你给点米。我当五保户四年了没有买过米……帮别人做饭啊,看店啊。(个案B04:黄云梅)

> 我和丈夫有6分地,主要种植棉花、油菜和一些蔬菜(菜基本能自给)。花销主要用在大米(一月50斤)、油(部分油用菜子换,一年需30多斤油)、盐上,还喂了头猪,主要是自己吃,买猪糠也要花些钱。我们吃饭还可以,自己做,经常买肉,一周买一两回。(个案B01:陈吉秀)

居家分散供养的五保对象饮食虽然自由,但是饮食很简单,尤其是独居五保对象的饮食通常没有规律,经常不吃早饭,不能定时定量,饿的时候自己煮点面或者随便吃点什么。访谈发现男性独居五保对象的饮食科学性和营养性最难以保证,例如分散供养的付爹爹(个案A05),年轻的时候到新疆打工,50多岁回到家乡,和邻村的一位丧偶妇女结婚,不曾生育,妻子死后,妻子的孩子把他赶出家门。他只好回到老家，村干部给他加入了五保，租借别人的房子，吃饭是自己做，为了省事经常煮面，很少买肉食。但是夫妻共同居住的五保对象相对更注意自己的饮食，米饭炒菜，每周会买肉改善膳食（例如个案 A11：杨爹爹）。也许这也是福利院中男性五保对象远远多于女性的原因之一。①

> 生活上简单点儿嘛，我自己下点面，不想吃就算了，很少买肉，一个月能买一回？过年的时候会买。……吃的全部是自己买的，因为我没有田，我年轻的时候出去了的，田被大队卖了。（个案 A05：付爹爹）

分散供养五保对象的生活水平存在一定差异，造成差异的原因除了与五保对象的婚姻状况有关之外，五保对象是否还有个人财产，例如土地和住房，在一定程度上也会影响五保对象的生活。例如杨久富老人（个案 B02）由于各种原因从集中供养改为分散供养，但是已经没有土地和房屋，所以不但寄人篱下，吃饭问题都让人同情。

> 自己弄点吃的，菜也不是自己种的，什么也没得。都是自己买的，吃盐啊，打点油啊，买点米啊。过年割点肉，平常不买，要节约点。平常吃的菜是别人（邻居、朋友）送的，没有人给菜，就吃辣椒酱，青菜萝卜黄瓜什么都没的。主要就是辣椒酱下饭，别人送菜就吃菜……一个月 10 斤油，要十块钱，一个月至少 60 块钱……自己捡柴烧火。（个案 B02：杨久富）

杨久富老人因为开源无路，只能节流，所以他的做法主要是将

---

① WC 镇福利院 92 名老人中男性占 79 名，女性共 13 人；其中五保对象中 59 名男性，10 名女性。且福利院的女性老人通常是 80 岁以上的高龄老人。

自己的需求压缩，减少开支。他的保吃需求显然只能算勉强满足。虽然该个案仅是调研中的一个特例，但是可以看出，完全依靠五保供养资金满足基本生活十分困难。

　　总体上讲，无论分散供养还是集中供养的五保对象，"保吃"的需求基本能够满足。对于配偶健在的分散供养五保对象而言，他们饮食更有规律，花样更多，更能够保障营养，但是对于单身男性五保对象而言，饮食没有规律，营养也很难保障。集中供养的五保对象基本较好地解决了"保吃"问题。所以，五保内容中基本层次的"保吃"需求首先是能够保证"吃饱饭"，甚至可以保证部分五保对象在吃饱饭的基础上能够吃得更好，虽然要达到营养学强调的肉禽蛋奶、蔬菜水果的多样化水平可能还有一些差距，但是和当地一般村民的生活相比差别不大。

　　五保对象通常将是否有肉作为衡量自己饮食好坏的标准，而且较多五保对象倾向于吃肥肉，不仅仅是因为肥肉便宜，更重要的是五保对象的牙齿一般都不好，牙齿脱落现象很严重，所以他们饮食上喜好烂软的食物，瘦肉很难咀嚼，比较偏好肥肉，而且有时候他们觉得鸡肉也没有肥肉嚼得动。但是由于老年人的常见病，例如高血压、心脏病等并不适宜摄取高脂肪油腻的食物，有时候当工作人员奉劝他们少吃肥肉的时候，有的五保对象不能理解，甚至认为工作人员是针对自己，是害自己，因为肉是有营养的，不让自己吃肉就是害自己。

　　　　我以前自己在家的时候很少吃肉，过年的时候才有的吃，有时候是自己杀猪，有时候和别人一起合杀一头猪，现在福利院天天有肉，有时候是鸡肉有时候是鱼肉，不过最多的是猪肉了。但是他（龚老师）不让我吃。我吃的是自己的，又不是他的。他和我不对，他是镇子（另一个镇）的，不是我们踏水的，所以和我不好。不让我吃肉哪有什么营养啊！（个案A01：吴爹爹）

五保对象对"保吃"保障的要求并不高，他们很少注重肉禽蛋奶的营养搭配，例如他们很少要求鸡蛋、牛奶、水果。例如在对水果的摄取上，BY 镇中心福利院有自己的果园，有时会有当季水果；WA 镇福利院有时候会买点当季水果，但是次数较少，另外的两家福利院基本没有买水果的习惯，而且居家供养的五保对象也很少购买水果，但是五保对象并不觉得自己有这样的需求，甚至觉得这样的需求是不合理的，"国家保吃就不错了，还要求水果什么的！"（个案 A01：吴爹爹）。类似这样营养专家界定的需求并不是被五保对象表述出来的需求，甚至是五保对象根本没有觉知到的需求。即使是经济条件较好的五保对象会自己买鸡蛋、奶粉甚至营养品，但是他们很少买水果。而且绝大多数当地农民没有形成经常进食水果的习惯，所以自己居家的时候也很少吃水果。

第二节 五保对象的"保穿"需求及其保障

在"保穿"方面，无论集中供养还是分散供养，多数地区都没有具体规定衣服、被褥等添置年限和季节。这要根据上级民政部门的实际救灾物资来决定。根据以往的研究，虽然五保对象基本上有衣服穿、有被褥用，但是通常已经使用了较长时间。不论集中供养还是分散供养的五保户，大多没有买新衣服的记忆，他们的衣服除了外界捐赠和亲戚邻里捐助的旧衣服之外，自己很少添置，甚至难以保证过冬的御寒衣物（洪大用等，2004；王翠绒、刘亦民，2008）。2006 年之后，虽然上级民政部门实际发放的救灾物资还是一如既往的优先保障五保对象、困难户等群体的需求，但是由于五保供养政策发生了一定变化，供养标准逐步提高，保穿方面也会发生一定的变化。

一 集中供养的五保对象的"保穿"需求及其保障

根据访谈资料，湖北 WA 镇福利院、四川 WC 镇福利院都有统

第四章　农村五保对象的经济需求及其保障

一的床单、被套，提供给入住的五保对象。五保对象选择集中供养入住福利院的时候，通常带着自己常用的衣服被褥等，福利院工作人员清点他们所带衣物，如果实在破旧不堪，会建议他们丢掉，由福利院帮助他们补齐。

调查的四个福利院中，四川 WC 镇福利院由于地处成都市郊区，经济相对发达，因此无论是五保供养标准还是五保内容都比另外三个福利院条件优越。他们除了为五保对象提供统一的床上用品之外，还规定每年冬夏两季各为院内每位五保对象添置一套衣服和鞋袜，冬天是棉毛衣毛裤或者保暖内衣，一双棉鞋，夏天是背心、短裤和凉鞋。如果能够申请到民政物资救助和地方企业的社会捐助，福利院也会首先提供给五保对象。因此多数五保对象觉得自己的衣服够穿。

> 衣服每年都发，我自己也还有，够穿……这么大年纪还能要好多衣服！（个案 A12：李爷爷）

> 每年有衣服，冬天给了一套保暖内衣，一双棉鞋，夏天就是这件衣裳一个短裤一双凉鞋……去年有个工厂捐赠，给每个五保户买了一件棉大衣。这个不是每年有的，我来了一年就赶上了。（个案 A01：吴爹爹）

也有个别五保对象觉得不需要每年规定添置两套，应该按照自己的实际需要。能够将"保穿"支出由五保对象自行支配更好。

> 我自己的衣服穿不完，我不需要添置。有的五保户也不用，需要买的就买给他，不需要的应该不买，把钱给我，我自己买点别的东西。但是福利院不给。每年都买衣服也浪费。（个案 A08：刘婆婆）

在湖北调查的三个福利院中，只有条件相对最差的 WD 福利院规定了"每年冬夏两季为五保对象添置衣服各一身"。WA镇福利院的做法是每年换季的时候登记哪些五保对象需要添置衣物，然后根据他们的需求适当购买，"如果五保对象衣服、被褥够用，他不得买的"，这样的做法一定程度上可以避免浪费，但实际上"需要"购买的五保对象并不多。BY镇中心福利院也实行的是"按需购买"。因为BY镇福利院田地较多，自己种植棉花，所以可以优先解决五保对象的需求，然后才会将多余的棉花出售。三个福利院一致的是，如果五保对象去世后，衣物等还比较新，就会洗涤干净送给有需要的又不忌讳的别的五保对象使用。总体上讲，湖北的三个福利院有85.7%的五保对象对福利院"保穿"工作表示比较满意或者很满意，说明与四川集中供养的五保对象一样，他们对五保中"保穿"有较高的满意度。

二 分散供养的五保对象的"保穿"需求及其保障

相对于集中供养五保对象而言，分散供养的五保对象由于五保供养资金可以自由支配，衣食住行不必详细区分，衣服相对食物而言属于耐用品，不需要每月甚至每年添置。所以分散供养五保对象"保穿"内容很难具体衡量，只能通过观察和询问五保对象的衣被购买情况。

新、旧《五保供养工作条例》关于"保穿"方面的相关规定差别不大。从衣物来源讲，分散供养五保对象的衣物来源主要有三个方面：自己添置、亲友邻居赠送、民政救助或者社会捐助物资。集中供养的五保对象除了民政部门捐赠的衣物外，还可能获得福利院发起的社会募捐，例如四川WC镇福利院工作人员每年都会发动本地区企业为院内五保对象募捐，曾经为院里五保对象募捐到棉衣、袜子等。但是分散供养的五保对象并没有得力的"代言人"，没有任何社会组织出面为其争取社会捐赠，只能通过"等"上级民政的主动捐助。如果将分散供养的五保对象也纳入福利院的服务范围，一定程度上会改善分散供养的五保对象"保穿"状况。

第四章　农村五保对象的经济需求及其保障

虽然"保穿"所需衣物的来源没有发生变化，但是当前分散供养的五保对象对五保内容之一的"保穿"，自评满意度较高。根据访谈资料，所有分散供养的五保对象在一年内都没有添置新衣，也没有任何形式的保穿方面的民政救助或者社会捐助，但是除杨久富老人（个案B02）之外，其他五保对象在穿衣戴帽、被褥供给等方面比较满意。

不缺衣服，被褥也够，不需要年年买新的。一般农村的老人也不会年年买新衣服的嘛。什么时候需要添一件就添一件。（个案B01：陈吉秀）

（一年来）我没有买新衣服，好久没有买了。有衣服穿的嘛。（个案A11：杨爹爹）

我的衣服多哦，有6大包。这儿都是衣服……有的是自己买，也有别人给的，侄姑娘啊侄子啊，有旧的，有时候他们也买新的给我。（个案B04：黄云梅）

湖北省BY镇先锋村的五保对象杨久富老人（个案B02）相对生活贫困，主要原因是他从福利院回来后就没有任何收入来源，以前也没有任何积蓄，只能靠每年的1400元五保供养资金生活（福利院和村干部都说当地五保供养标准是1500元，但是杨久富说自己去年拿的是1400元），而且也没有旁系亲属能够提供一些非正式支持，所以他在五保供养任何一项内容上都比别的五保对象差些。但是从这个角度来讲，可以看出如果单纯依靠五保供养资金，五保对象的基本生活会相当勉强。杨久富已经不记得自己多久没有买过新衣服了。

（身上）这件衣服是别人给的，以前在福利院的时候也没有买过衣服，他（前院长）不得给买的……我不记得以前什么时候买衣服，被子也不是买的。冬天的时候不够，太薄了，

把衣服放在上面。村里也没有发过衣服，过年的时候有点油和米。（个案 B02：杨久富）

分散供养的五保对象一般与旁系亲属交往较频繁。相对没有任何亲人的五保对象而言，如果有旁系亲属的支持，一般分散供养的五保对象"保穿"需求能够得到较好保障。五保对象的侄子侄姑娘或者兄弟姐妹逢年过节探望时会给点衣物或礼物甚至直接给点钱，这些都可以很好地贴补五保对象的基本生活，所以分散供养的五保对象基本也不会感觉衣物缺乏。

虽然五保对象在"保穿"方面没有明显的保障不足的现象，但是可以看出，他们在"保穿"方面有较大的个体差异。有些五保对象因为能够得到家属的资助，衣物充足；有些五保对象缺乏外界支持，衣物上就略显不足；只有个别五保对象指出"保穿"需求保障不足。相反的，多数五保对象认为不需要每年添置新衣，尤其是集中供养的五保对象认为每年添置两套服装的统一规定可以变通。因为五保对象有自己的个别化需求，例如不需要保暖内衣但是需要外套等。这种个别化需求的保障应得到重视，适当将福利院的"平均分配"过渡到"按需分配"，可以减少福利院的资源浪费，能够使资源效益最大化。

第三节 五保对象的"保住"需求及其保障

2006年《农村五保供养工作条例》第九条规定，"保住"是指"提供符合基本居住条件的住房"。合适的住宅需要能够抵挡气温、风雨、昆虫和细菌等灾害的侵袭，要有天然采光、自然通风等条件。

根据2006年以前的文献研究结论，在"保住"方面，集中供养的五保对象居住条件基本符合相关标准，但是分散供养的五保对象居住条件较差，房屋时代久远，有些是新中国成立时候分的或者是祖传老宅，甚至是危房或部分倒塌房屋，还有的分散供养五保对象居住在集体经济时期生产队临时搭建或者私人临时搭建无人居住的棚屋。"五保户的住房状况一般总是农村中最差的"，"很多五保户的住房都是泥土结构，漏风漏雨是常事，更经不住自然灾害的考验"（洪大用等，2004），"很多分散供养的五保户的住房都是泥土结构，要么比较偏僻，要么就在贫民区。屋内设施也比较简陋，基本无耐用家电，有的五保户家里甚至没有通电"（李瑞德，2007）。"相比而言，农村普通老人则有 67.7% 住砖瓦平房和楼房，即使是土房子也粉刷得漂亮干净得多"（王翠绒、刘亦民，2008）。分散供养的五保对象除了居住房屋相对较差之外，他们的家具、电器等生活设施和其他村民相比也有较大差距，"25.8% 的孤寡老人没有任何家用电器，有的甚至连电也舍不得用，整个屋子就点着一盏 5W 的灯泡。近 90% 家庭没有电视机，一半家庭没有电风扇。大多数老人家仅有一张床，两床破被，一口锅，一个灶，几个小凳子。全部家当加起来不过百来元。而农村非孤寡老人家庭拥有电视机的占 97.9%，安装了电话或配备了手机的占 51.3%"（王翠绒、刘亦民，2008）。

2006 年新《五保供养工作条例》颁布之后，五保对象在"保住"方面的保障有所增加，但是对于分散供养的五保对象来讲，"保住"方面的需求保障依然不足。

一 集中供养的五保对象的"保住"需求及其保障

2006 年《农村五保供养工作条例》没有明确规定福利院建筑物和生活服务设施的基本要求，但是民政部同年发布的《关于农村五保供养服务机构建设的指导意见》中作出了规定，例如考虑到老年人、残疾人和未成年人的特点，建议各类建筑宜为砖混结构的平房院落或三层以下楼房，具有开展日常工作所必需的居住用房和辅助用房。居住用房要配备床、桌、椅、柜、被褥等生活必备用品，寒冷地区应当配供暖设备，炎热地区应当配降温设备。辅助用房要设置办公室、厨房、餐厅、储藏室、活动室、医疗室、浴室和公厕等，有条件的地区还可以建设用于康体保健、文体娱乐等方面的功能室，配备必要的农副业生产基地。农村福利院的建设基本符合以上规定，因此相对分散供养五保对象的居住条件，福利院的住房条件较好，基本不会是危房或者土坯房，而且能够提供通水、通电、通路、通电话等基本设施。

本研究所访谈的四所福利院，五保对象的居住条件各有不同。四川WC镇福利院主要是三栋楼房，两人间，但是有自带卫生间和公用卫生间两种不同的房屋结构；湖北WD福利院是平房，单人间；BY镇中心福利院和WA镇福利院有平房和两层楼房两种类型，平房一般供行动不便的五保对象居住，五保对象习惯称自己是"三人间"，但实际上是三室一厅式的房子，每个五保对象自己使用一间，大厅三人合用。每个福利院都为五保对象配置了基本的床、柜子等简单家具，福利院还配备了活动室、阅览室、食堂、澡堂等公共使用空间，拥有公用电视、电扇、电话等生活电器。尽管和分散供养的五保对象相比，福利院的居住条件相对较好，不过也有些五保对象对"保住"一项表示不满。

在福利院入住的五保对象对待"保住"问题有时候呈现出"不患寡而患不均"的心态。例如在湖北省WD福利院，只有两排低矮的平房，房间结构相同，也都没有自带卫生间，每个五保对象一间房，但是走访时发现，没有五保对象对福利院的住房条件表示不满，基本上都觉得"住房还可以，大家都一样"或者"住房比在家的时候好，还可以"；但是在四川WC镇福利院和湖北WA镇福利院，由于福利院的住房条件不同，房间新旧程度不同，因此就出现住在旧房子的五保对象对住房条件表示不满意。尤其是四川WC镇福利院的五保对象，共有三栋楼，新旧程度不同，分别建于1987年、2002年和2004年。其中2004年修建楼房有五层，但主要用于行政办公、会议室、阅览室、活动室等公共区域以及少数代养老人居住，楼层较高且没有电梯，没有五保对象居住，所以五对象很少羡慕住在那里的代养老人，也没有不满。2002年建成的楼房高三层，自带卫生间，1987年建成的旧楼两层高，每层只有一个公共卫生间。由于住房条件不同，入住的五保对象满意度也不同。五保对象的主要参照群体是其他五保对象，所以"保住"需求保障的主要不满是住在1987年旧楼里的五保对象觉得不公平，抱怨自己的居住条件不好，比较羡慕2002年建成的新楼里的五保对象，"自己有卫生间，而且干净"。而旧楼房间窄小，大约有十平方米，由于年份久，房间阴暗，通风采光不太好，最重要的是房间内没有卫生间，而且由于地势较低，一楼的房间在夏季雨水大的时候曾经有淹水经历。

> 我们这一带差得很，那边楼房有卫生间，就我们这里没得……下雨还淹水，淹到台阶这儿，都漫进屋了！（个案A08：刘婆婆）

> 房间窄小得很，天气不好就看不见东西，太潮了，就有霉味。（个案A02：李爷爷）

房间位置和结构不合理会导致五保对象的满意度不高。一般福利院要求房间有良好朝向、天然采光和自然通风，但是有时候福利院的住房难以达到以上要求。例如四川WC镇福利院住在1987年建成的老楼中的五保对象会羡慕住在2002年建成的楼房中的五保对象，但是被羡慕者对住房的满意度并不高。

> 住房太窄，空气不好，不通风，只有厕所有一个窗户，很高，还钉死了，厕所的门打开的话就有难闻的味，不打开就只有一个大门，房间不透气。（个案A10：王爹爹、A03：郭爷爷等）

按照民政部《关于农村五保供养服务机构建设的指导意见》，福利院选址应临近政府驻地或集中居住区，交通便利，尽量靠近医疗卫生、体育健身、文化娱乐、商业服务等公共服务设施。但笔者调查的四所福利院地理位置都相对偏远，远离村镇的居民生活区，周围也没有学校、医院等设施，不过交通都还比较便利。四川省WC镇福利院地处主要的交通干道旁边，昼夜车流量都很大，尤其是大型载货卡车，发出的噪音严重干扰五保对象的生活，居住的五保对象表示经常受到噪音干扰影响睡眠，但是福利院对此也无能为力。因此福利院的选址很重要。

福利院提供的住房类型也会影响五保对象的入住意愿。四所福利院提供的住房类型分别是单人间、双人间或是三人间，会直接影响五保对象的准意愿。其实五保对象对于住房类型的要求不高，通常福利院提供的是几人间，自己就倾向于住几人间，很少有五保对象要求提出要住单人间或者别的要求。入住单人间的五保对象觉得单人间更好，自由；入住双人间的五保对象又喜欢双人间，有人陪。

例如四川WC镇福利院提供的基本是双人间，而且通常安排的是一个年龄小的五保对象和一个年长的五保对象一起居住，希望年龄小的五保对象能够为年长五保对象提供适当的帮助。虽然部分五保对象（一般是年龄小些的五保对象）并不愿意为同屋提供帮助，认为自己和同屋人一样都是"吃五保"的，自己没有义务为对方提供帮助，但是他们通常还是倾向于两人间的住宿标准，觉得可以说说话，一旦有什么事情还可以相互帮个忙或者及时通知福利院。

湖北省WD福利院是每个人一间平房，因此入住的五保对象觉得住单人间比较自由，也符合自己的住宿习惯。

> 还是一个人住比较好，也习惯了。不觉得闷啊，以前在家里还不是一个人住！而且一个人住比较方便，两个人的话脾气啊习惯啊不一样，不好，互相干扰。（个案B06：万大哥）

另外两所福利院因为是三室一厅的结构，每位五保对象自己居住一间房，但是共用大厅，因此那里的五保对象更认同这种形式，觉得三人间既保证了个人的自由，例如相互不影响，能够更好地休息等，同时也不至于太孤单，"打开门就能和别人说说话"。

虽然在深入访谈时，几乎每位老人都表达了自己对住房的"个别化"要求，但是当问及他们对福利院"保住"一项工作的整体满意度时，他们几乎都表示很满意或者比较满意。看似相互冲突的两个结论，但实际上并不冲突。五保对象希望福利院能够做得更好，但同时也觉得福利院"也很不容易，要招呼这么多人，怎么可能达到每个人满意"，因此他们提出的各项意见不过是希望福利院能够做得更好，能够锦上添花的一种愿景。

二 分散供养的五保对象的"保住"需求及其保障

相对于集中供养的五保对象而言，分散供养的五保对象的住房保障不足。有的五保对象没有自己的住房，即使有也都是祖宅、老房，甚至是土坯房，漏雨钻风是不可避免的。在五保供养内容中，分散供养的五保对象在"保住"方面满意度最低。固然有的五保对象是因为自己没有后人，没有重建或者修葺住宅的热情，但是更多的五保对象是不能得到相关的支持，例如五保资金不够或者没有人帮助修房。

走访中发现，分散供养的五保对象多是居住在年久失修的老房，有的是解放时期生产大队分的。最长的房龄有100多年，最短的房龄也有三四十年。与2003年洪大用等人的调查结论一样，分散供养的五保对象通常居住的房子是全村最差的。其他村民的住房不是宽敞明亮的瓦房就是独栋的二层小楼，前面多是抹了水泥的院子；而五保对象的房子往往是几十年前的平房，多是土砖结构，木头的门窗都相对较小，也基本没有平整的院子，甚至根本没有院子。

五保对象杨爹爹（个案A11），夫妻二人，房子极其简陋，是两间石头砌的房子，外面用石灰涂层。两间房子分成前后两部分，前面是厕所和猪圈，后面是卧室，没有窗户，到处漏风，在屋里能够看得见外面的天。房间外面搭建了一个小棚子用作厨房。除了一张床、一个柜子、一张方桌和几把椅子之外，基本没有什么家具，电器更是没有。杨爹爹自己没有修建房子的经济能力，但是他并没有对村委会提出修建要求，认为村委会不会管，"干部只顾自己捞钱"。

>（村里）没有给我解决一片瓦。有个五保户得过，她和妇女队长好，村里帮她修过房子，我的房生产队没有修过，都是我自己出钱。我没有和他们讲，村干部自己可以看得见嘛。我的房子都是我自己修，自己买的瓦，要盖房子的话，要买瓦，要请人，盖房子一天要管人三顿伙食、工钱一天25（元），伙食不好人家不干，烟酒肉，可贵，我又没有结余……我都76岁了，没必要盖，盖也盖不起……

部分分散供养的五保对象寄人篱下。分散供养的五保对象除了住房条件在当地村民中最差之外，还有的五保对象因为各种原因，没有属于自己的住房，住在村集体以前的公用仓库或废弃的办公室，也有的五保对象租借其他村民的住房，或寄居他人篱下。

>付爹爹（个案A05）因为早年外出，房子土地等早已重新分配，年老的时候回到户籍所在地，就租借了别人的一栋旧楼，底楼是个很小的小卖店，主要卖些小零食和饮料、烟酒等，门口有两张桌子，供附近的乡亲在这里打牌娱乐。该住房年租金1400元，这笔开支村委会、镇民政等部门都不会额外承担，每年2000元的五保供养金扣除"保住"的必须支出外所剩无几。因此付爹爹表示住房的压力较大，到村委会要求帮助，村委会的解决方法就是动员他住到镇上的福利院。
>
>杨久富（个案B02）因为不满以前所在福利院的强制劳动、生活条件不好等，三年前自行离开福利院回到村庄，进福利院的时候他已经把土地房屋等归村集体所有，因此没有住

房，暂时居住在某村民的一间厢房内，旁边就是猪圈，不通电，也没钱买蜡烛，除了床铺之外，没有任何家具。

由此可见，农村分散供养的五保对象居住条件通常是村民中条件最差的，但是还有部分五保对象连条件最差的住房都没有，因此，他们最主要的需求是"保住"，这也是最基本的生存需求和安全需求。

分散供养五保对象保"住"新房的积极性不高。造成分散供养五保对象住房条件较差的原因，一方面是五保供养资金不足以用作住房条件的改善，同时又缺乏正式组织的支持以及亲朋等非正式的支持系统；另一方面是自己由于年纪较大、身体较差，自行修葺的可能性很低，所以多数五保对象只能接受住房条件较差的事实。此外，还有一个重要的原因就是五保对象对"将来感"的缺乏，改善住房的推动力不足。

例如居住在湖北 BY 镇的王开珍（个案 B05），丧偶后再婚，丈夫是某工厂的退休工人，有退休金，住的是王开珍自己的房子，三小间土砖房子，在一片高大敞亮、贴满瓷砖的二层楼群中格外突出，土黄色的小屋，木质的没有涂漆的门窗，屋内高低不平的土地，甚至没有用水泥涂抹。调查的时候正遭遇房子部分地方漏雨，他们找了泥瓦工正准备修整。虽然他们的生活条件较好，有冰箱，每餐都能吃上肉，还装了电话，但是他们也没有重新盖房子的念头。

> 自己家的房子，土房子，还好，有的地方漏雨，过几天找人修修……盖什么房子啊，还能住多久，就这样住几天算了，谁还想它！（个案 B05：王开珍）

人类需求既表现出"生理——心理——社会"的需求递进性，同时也具有"过去——现在——将来"的连贯性和动态发展性。

但是对于五保对象而言，他们的需求表现通常并不完整，"将来感"是五保对象普遍缺失的，因为没有子女血脉的传承，他们很少为自己的将来打算，不少人认为自己不过是"混吃等死"。所以五保对象的住房能够凑合住人，就不愿花钱修葺，他们坦言自己没有直系亲属，"我又没有一男半女的，修好给哪个嘛"，甚至有的五保对象在房屋部分倒塌之后用木头、碎砖支撑起来，舍弃倒塌部分，长此以往导致房屋"越住越小"，但是觉得没有必要修缮，有的五保对象在房屋倒塌后就选择集中供养。

住房条件较差的五保对象无力或无心修缮自己的房屋，改善自己的住房条件，但是一般无房户还是希望能够有个属于自己的住处，例如付爹爹、杨久富等。而且他们对住房的要求不高，能够有间小小的房子就满足了，例如WA镇分散供养的五保对象黄云梅（个案B04），现在居住在农村村办小学撤销后废弃的办公室，15个平方米，虽然没有自己的住房，但是因为住房不需要额外开销，她对五保供养政策之"保住"表示很满意，"这辈子有地方住就行了，以后又没得哪个要"。

综上所述，2006年之后，五保供养制度中"保住"方面的保障虽然有一定改善，但是基本和2006年之前呈现出相同的特点：集中供养五保对象"保住"有一定保障，但是分散供养五保对象的"保住"依然是一个难点，主要原因是缺乏住房资金的无力改善和没有子嗣继承的无心改善。

第四节　五保对象的"保医"需求及其保障

新《五保供养工作条例》第九条规定，五保内容包括为农村五保供养对象"提供疾病治疗"，并规定"对农村五保供养对象的疾病治疗，应当与当地农村合作医疗和农村医疗救助制度相衔接"。在新《条例》颁布之前的调查研究中，五保内容之"保医"是最难以保障的项目，无论集中供养还是分散供养，五保户的医疗需求都不能得到起码的保障。"条件最好的乡镇，一年最多也只能给每个五保户报销 200 元至 300 元的医疗费用"（洪大用等，2004）。

五保对象通常年纪较大，身体状况较差或者本身就患有残疾，多数五保对象属于常年带病的群体，因此对医疗方面的需求表现突出。但是长期以来，五保对象看病难一直是个不争的事实，医疗费用支出巨大，五保供养资金难以承受。虽然五保供养制度逐步和农村合作医疗制度挂钩，每个五保对象都免费加入了农村合作医疗，但是也难以支付较大额度的医疗费用。因此对五保对象的医疗保障一直是五保供养工作中的难点，尤其是分散供养的五保对象。

一　五保对象身体健康状况的自评

以往的调查表明，农村孤寡老人在饮食、听力、视力和睡眠质量四项上患病率均超过了农村平均水平，三分之一左右的农村孤寡老人存在听力和视力障碍，另外一半以上的孤寡老人睡眠质量不佳（唐艳光等，2008）。本书的研究结果也部分印证了这一结论。

五保对象在医疗健康服务方面的需求主要有以下特点。

第一，五保对象的健康状况较差，其中睡眠不好、患有牙病、听力较差、视力不足等情况具有一定的普遍性，部分五保对象有关节炎、腰椎病等老年地方性疾病或慢性病。

> 晚上睡不着觉，睡一下下就醒，醒了就再也睡不着。（个案 A06：龚医生）
>
> 我病多得很，腰杆痛，脚杆麻，我还气血虚，贫血，输过好几次血。睡不着，恼火得很！半夜还没有瞌睡，一哈就醒，中午吃完饭，想睡哈，还是睡不着。又爱上火，牙痛，肿多高！吃不得东西。还有痔疮，年轻时就没有医，造孽，现在要开刀啊什么我又吃不得（吃不消）。（个案 A08：刘婆婆）

我就是腰杆痛，不能走路。很少出门，饭让别个帮我打回来。（个案A12：李爷爷）

7月份肺部气泡，长泡泡，住了半个月也没见效。上个月到医院拍了片，花了五百块钱，后来就不管了……我身体不好有四十年了。吃点药也不见效。别人体质好的能吃一碗饭，我只能吃半碗，吃不下去。（个案A02：李爷爷）

我前年把腿摔到了，站在那里和别人摆着摆着（摆龙门阵，就是聊天）就倒过去了，倒了就爬不起来了，把膝盖骨摔得翘起来了，到医院才给我按下去。现在人老了，八十几了，恢复得不好，现在里面有时候还会痛，下午的时候脚就肿多高。（个案A09：李婆婆）

据福利院的工作人员介绍，集中供养的五保对象中一半到三分之二的人具有不同程度的残疾，其中聋哑人或者盲人等大约占一半，还有的五保对象是"瓜的"、"脑筋不清白的"精神类病患，"年轻点的，身体好的五保户，他不得来，自己能做能吃的话，在家还是自由些"。可见，集中供养的五保对象通常比分散供养的五保对象身体健康状况差。

第二，部分五保对象对健康问题相对忽视，他们对健康状况自评较高，尤其是分散供养的五保对象。谈及自身的健康状况时，他们认为自己"能吃能动"，所以"身体还好"，认为"牙痛不是病，大家都有"，"没得什么病，就是年纪大了有点腿疼"；此外，由于年老以及抽烟饮酒喝茶的传统饮食习惯和缺乏良好的卫生健康习惯，部分五保对象的牙齿脱落严重，尤其是在四川地区，笔者观察到几乎所有的五保对象都有牙齿脱落现象，残留不全的牙齿上积有烟渍、茶垢，保持早晚刷牙、饭后漱口的口腔卫生习惯尚未养成。

我身体好，难得吃回药……只有半颗牙，不碍事，吃饭就用假牙，硬的咬不动，胡豆就咬不动，但花生咬得动。（个案

A11：杨爹爹）

我身体好，上次体检我什么病也没有，组织残疾人体检的时候，我们大队也让我去体检了，也是什么毛病也没有。牙齿还可以，能吃动，鸡肉也能吃动，上面掉了14颗，下面掉了两颗。（个案A01：吴爹爹）

我没有别的病，有时候腿疼，那就去打一针，1块钱，一个月最多用10块钱。（个案B05：杨久富）

虽然五保对象对自身健康状况的自评较高，五保对象因为年老等原因进入带病期是一件事实，因此他们的医疗需求相对突出，对国家医疗政策的保障要求更高。

二 集中供养的五保对象的"保医"需求及其保障

虽然入住福利院的五保对象通常比分散供养的五保对象年龄大而且身体更差，对医疗方面的需求和依赖更大，但是根据访谈资料，集中供养五保对象的医疗需求保障基本能够做到。

集中供养五保对象的医疗需求主要分两个部分，第一是日常门诊需求，第二是大病保障。福利院"保医"的主要做法有三种：小病门诊费用由福利院承担、大病住院则由福利院按照农村合作医疗、农村大病医疗救助报销，不足部分再寻求上级民政部门救济，如果申请不到则由福利院负担。以上举措基本能够满足五保对象的医疗需求。

集中供养的五保对象多是带病老人或者残疾人，除感冒发烧头疼等疾病之外，有的还患有慢性病，例如关节炎、骨质增生等，这些疾病通常不需要住院，但是日常医疗必不可少。不同福利院对五保对象日常门诊的保障做法略有不同：①五保对象在福利院认同的门诊看病，由福利院统一结账，例如湖北WA镇福利院；②福利院统一购买常用药发给五保对象，必要时工作人员请医生出诊，例如湖北WD福利院；③门诊费用包干，五保对象自行支配，不退不补，例如湖北BY镇中心福利院每年每位五保对象50元门诊费包干，发给个人；④福利院的常用药以备五保对象不时之需，由专人负责（略懂医学知识的五保对象或院长），或者福利院附近定点门诊，五保对象看病后登记，福利院定期统一结账，例如四川WC镇福利院，五保对象可直接找龚老师拿药，也可以到镇上其他诊所，他们常去的诊所共有三个，门诊花费只要五保对象签名就可以。每个月月底福利院的会计就到定点诊所对照签名统一结账。以上四种不同的门诊医疗保障形式，基本能够满足五保对象的日常医疗所需。

集中供养的五保对象如果病情严重或者突患疾病，通常由福利院安排外出就医、住院等，医疗费用由福利院垫支，然后通过农村合作医疗、医疗救助到相关部门报销，如果仍然超出支出，则由福利院向民政部门申请支持或者由福利院支付。调查的四个福利院基本都是采用这样的模式解决五保对象的大病及住院费用，不用五保对象自己支付，但是是否入院、选择哪个医院由福利院决定。

以四川WC镇福利院为例，如果五保对象病情需要住院，福利院会派车送往定点医院，先垫支医疗费，然后再报销。住院的支出，是由农村合作医疗、医疗救助和民政统一负担，按照规定住院超过300元，超过部分由农村合作医疗报销30%，民政部门支付其余部分。

部分五保对象对福利院实施的"保医"制度表示不满，主要表现在以下两个方面。

第一，五保对象对体检的不满。由于五保对象身体健康状况不容乐观，早检查早治疗，一定程度上可以使五保对象的疾病及时治疗，保障他们的身体健康。四川WC镇福利院和湖北省WD福利院曾经组织过全院五保对象体检，但是体检结果半年后都没有告知五保对象，五保对象认为体检不过是福利院或者医院开展的"形象"工程。

去年对五保户体检，说得好听，上面政策说是五保检查身体啊，几十人挨个检查，抽血啥子，可是也没有发点药发点钱，一分钱也没有发……没有说你好还是不好，没有结果……抽血、看眼睛啥的，好几关呢……一分钱也没发，过重阳节后来好冷啊，脱衣服抽血，又挨个照 X 光……这么多人，哪个没的病啊，就是没结果，按说应该给个本本，有没有病，很清楚，但是每个人都没有，这么多人，不可能都没有病，都是做给别人看的。（个案 A08：刘婆婆）

去年有个医院来人，说给五保户体检，量血压、抽血……没说我有什么病，也没看到结果。是他们自己医院来人的，不是福利院请的。（个案 B06：万大哥）

福利院组织五保对象进行体检，本身是有利于五保对象身体健康的举措。不仅可以做到疾病预防，也可以及时治疗疾病，但这不应该成为一个形式，更不应是有关部门的"形象工程"。

第二，五保对象对"保医"制度公平性的质疑，主要是针对医院的报销制度。由于福利院门诊费用的支出没有正式成文的规章制度，加上农村地区"熟人社会"文化的影响，久住福利院的五保对象因为"资格老"会被特殊照顾，既有的规定常常会被人为打破，从而引起个别五保对象的不满。例如刘婆婆（个案 A08）看病花去福利院近万元医疗费，院长的解释是"她有正规发票，而且她刚来福利院就生病，被亲属接走了，不了解政策，她又没得那么多钱，只好帮她申请报销了。"但是有人认为她从中搞鬼，认为她家里有关系或福利院偏袒等原因，因此对福利院工作人员和刘婆婆心存不满。

工作人员对有关系的人好，对没有关系的人不好。比如报账。有一次我医了 100 多块，因为不知道报账要求，没有开正规发票，所以不能报，后来我又跑去开了正式发票，他们还是不给报，我找了好几次院长，和院长发脾气，说再不给我报我就当着他的面把发票吃了，最后才给报了。今年7月份肺部气泡，住了三天医院，住院期间也没有人照顾，自己买饭吃。我想转到大医院去看，但是福利院的人不让去，说如果我到大医院看病，福利院就不会管，但是有的五保对象例如刘婆婆的腰不好，因为她家有关系，她妹妹是妇女主任，所以把她弄到大医院看病，那么多钱都给报了。（个案A04：李爹爹）

她（刘婆婆）腰椎间盘突出，不是在温江看（病）的，在郫县医院看的，她娘家是郫县的，不晓得什么名堂，花了一万块钱，反正有正规发票就给报了，我们是不会搞那些的。（个案A01：吴爹爹）。

可见五保对象对福利院照章办事、公平处理各项事务的要求很高。另外，福利院除了垫付住院五保对象的医疗费用之外，也承担住院期间的照顾费用。按照2006年《五保供养工作条例》第九条，福利院除了提供疾病治疗之外，还要"对生活不能自理的提供照料"。虽然李爹爹（个案A04）住院期间没有人照顾，自己在医院订饭吃，但是入住同一间福利院长达二十年的李婆婆（个案A09）摔倒住院，医疗费、照顾费等都由福利院负责，因此引起其他五保对象的不满。

摔倒后我就住院了，住了一个月零七天。在医院的时候要请人照顾我，请人的钱是福利院出的，我是五保户嘛，哪里有钱！医疗费、生活费，请人的钱都是福利院出的，起码要几千。出院后回到福利院，还得请人端饭，也是集体给钱，请能走得动的人（五保户）帮我端饭送水，一个月20元。（个案A08：李婆婆）

通过访谈资料可以看出，福利院的五保对象虽然基本能够做到有病及时医治，但是由于各种原因，他们对于医疗保障还是颇有微词。

三 分散供养的五保对象的"保医"需求及其保障

根据杨团、张时飞（2004）等人的调查，分散供养五保对象的医疗费主要采取以下方式解决：小病由五保对象自行解决，重病由村级组织视为特殊个案处理。主要有三种具体做法：一是采取村委会、所在村组、本人远房亲友分摊的方式解决；二是全部由所在村组负担；三是村委会向上级民政部门申请救济款给予报销。这种非正式、非制度化的解决办法，具有临时性和随意性，而且只能解决个别五保对象的医疗保障。2006年之后分散供养的五保对象的保医状况有所改变，都加入了农村合作医疗，但是分散供养五保对象的医疗需求保障没有集中供养的五保对象高。

与福利院集中供养五保对象不同，分散供养的五保对象小病自己承担，重病住院要看所在大队或村组的经济情况，如果大队或村组不能垫支医疗费，就要五保对象自己先垫支。通常五保对象都无钱垫支。访谈的五保对象也知道自己已经加入了合作医疗，可以报销部分医疗费用，但是表示个人负担部分依然沉重，所以他们会在原本就紧张的五保供养资金中留出小部分应急。笔者调查发现，有些地方大队或村组不再垫支医疗费用，五保对象和别的村民一样，自己先付医疗费，然后再通过合作医疗制度报销。

> 我胯子疼，腰椎间盘突出。那时候住院看病，四天，自己先结账，然后看报销多少。后来合作医疗给报销50%，这是国家规定的吧，我也找不到（不知道）。一共花了400多，报销了200块钱。有的是不能报的，还有门槛费，这费那费。反正我也找不到，他们说报销多少就多少。（个案B05：王开珍）

有的五保对象自己无力支付医疗费用，村组负责人就会劝导五保对象改为集中供养。分散供养的五保对象一般等自己身体不好的时候才会进福利院,"身体好,扛得住,生病花十几块就好了",当他们健康状况欠佳,医疗费用增加的时候,就会像付爹爹一样考虑入住福利院。

> 村干部每次见我,就动员我去福利院。我想着自己还有能力,就先不去。但是有时候病情也考虑不到,这一向我看病花了300多元,小病,就是便秘。我也不知道政策怎么规定的,说不能报,要住院才报的,我在外面吃药嘛……我思想上犹豫呢,是不是去福利院,(村干部)说进福利院都给报销。(个案A05:付爹爹)

笔者走访中没有发现分散供养的五保对象得到农村医疗救助制度的支持,一方面原因是分散供养五保对象身体较好,另一方面是身体不好的五保对象会选择或者被送往福利院集中供养。

此外,如前所述,需求种类可以分为需求者的表述需求和研究者根据观察所得的需求,以及专家根据以往的经验"界定"的需求。五保对象是一个特殊的群体,长期的物质救助和"五保"的标签很容易让他们自己和社会公众一致认为只要吃饱穿暖有地方住,生养死葬由集体或国家负责,就达到了五保的目标。如果再提出其他要求,例如例行体检等就觉得有些过分,"自己的身体自己清楚,不舒服就去看病"。所以有些医疗方面的需求他们是不会表达,更是他们自己没有意识到的。

根据张雪霞(2006)对成都市养老院老人的调查表明,成都市养老院的老年人在医疗保健中最为突出的需求是牙齿健康检查需求(占72.2%),其次是睡眠问题(占31.6%),第三是身体疼痛问题(占31.3%)。这三方面的需求是笔者调查的五保对象的"通病",但是五保对象没有人特别重视,或者准确表达出来。以上三种疾病在五保对象中都有表现,但是他们都认为这三项,就是年纪大了，不算病。例如睡眠不好是多数五保对象生理方面的主要困扰，但是他们认为睡不好是因为年纪大，是正常现象，即使有些困扰，也没有要求用药物来解决睡眠障碍问题。例如牙齿问题，他们觉得只有牙疼到不能吃饭的时候才需要看牙医，牙齿脱落是正常现象。在访谈中，没有一位五保老人觉得自己需要看牙医补牙齿，甚至没有人觉得自己的牙齿不好是一种困扰，而是觉得很正常，咬不动硬的食物，就吃点软和的食物。笔者所见到的五保老人的牙齿都是几乎脱落殆尽。牙齿黑黄与他们常年饮茶和抽烟的文化风俗习惯有很大关系。身体疼痛也有很多五保对象反映，这主要与成都地区风湿性关节炎高发病率有关。风湿性关节炎较难治疗且会造成较重经济负担，因此，很多人贴膏药或者不采用药物而通过保暖等方式减少疼痛的发作，或者采取能忍就忍的办法来对待身体的疼痛。这部分医疗需求不是五保对象的表述需求，但是这方面需求并不能因此而受到忽视。由于受访谈条件的限制，对于不具语言沟通能力的五保对象，本研究并未涉及，但是该部分五保对象有较高比例，而且他们对医疗的需求更加突出。

总之，五保对象的身体健康较差，小到失眠大到绝症瘫痪，医疗需求较大，由于缺乏家庭、亲友等非正式社会支持，所以"保医"压力很大。这不仅仅是五保对象自身，还包括福利院的医疗压力。即便是门诊费用，也成为福利院主要的开支项目之一。同时五保对象的大额医疗费用报销需要找几个部门协调，所以2006年之后福利院最头痛的事情依然是五保对象的医疗保障问题。因此在五保"保医"的需求和保障方面，2006年之后虽有改善，但依然是五保中的难点。同时在医疗保障方面，既存在对政策信息掌握不够造成的"福利不利用"现象（多存在于分散供养的五保对象中），可能也存在个别五保对象的"福利欺诈"行为，例如刘婆婆（个案A08）因为有个侄姑娘是医院医生，她还经常去打氨基酸等营养品，然后开发票由福利院报销。这些医疗保障中的不公平现象应引起重视。

第五节　五保对象的"保葬"需求及其保障

《农村五保供养工作条例》规定，五保供养工作包括办理五保对象的丧葬事宜。从文献中可以看出，五保对象供养情况的以往研究都比较关注他们的吃穿和住房、医疗等保障状况，很少考察五保对象的"保葬"需求及其满足。对五保对象保葬方面的研究主要是考察当前的五保对象是否为自己的后事作出思考以及对当地村委会或福利院对以往过世五保对象的丧葬处理方式的满意度。

《四川省〈农村五保供养工作〉实施办法》第十四条规定："农村五保供养对象死亡后，县级人民政府民政部门应当按农村五保供养对象一年的供养标准一次性支付丧葬补助费。丧葬补助费从当年的五保供养经费中解决。集中供养的，由五保供养服务机构办理丧葬事宜；分散供养的，由村（居）民委员会办理丧葬事宜"。《湖北省农村五保供养工作规定》中没有对五保对象的丧葬问题作出明确规定，但是两省具体做法基本相同。分散供养的五保对象死亡后会由村委会和旁系亲属主持丧葬工作；集中供养五保对象死亡后，福利院会通知五保对象所在村委会和其他亲属，例如兄弟姐妹侄子等。福利院联合殡仪馆备车火化遗体，然后将骨灰盒交给亲属或者村委会安置，无人认领的五保对象则由福利院安置在附近的公墓。"有人（其他家属）的话说停几天就停几天，没人的直接拉走，那边有个公墓，骨灰盒就放在那里"。

由于当地政府在五保供养工作中倡导提高集中供养率，而且当前福利院的发展相对完善，五保对象在供养方式意愿选择上呈现先分散后集中的特点。走访的分散供养五保对象多数认为自己将来没有自理能力的时候还是会去福利院，他们都没有在家为自己准备好棺材等丧葬用品，顶多就是在经济节余的情况下为自己稍微多留点钱，作为办理丧事之需。但是福利院的五保对象年纪更大，身体相对更差，部分集中供养五保对象会考虑自己的后事，如果可能就留一点钱百年以后用。个别老人完全不考虑死亡之后的事情。

> 以前自己存了点钱，有三四千块钱，现在火化什么不得开钱？我也这么大年纪了，要做点准备……上个月有一个五保户得急病死了，就住在我隔壁，才65岁，头天还在吃饭，酒喝多了。又没的妈，没的家，就一个姐姐……福利院就烧了两碟钱纸，也是公事公办，可怜得很……我就想起以后我自己……我兄弟和侄儿子都说我，别想这些。但是我没有子女，不能不想，我想走得从容，自己一点钱也没的，哪个管你吗？侄儿男女哪个管你……说老实话，没得钱不行。（个案A08：刘婆婆）

> 我不怕死，没想过，福利院有时候死了人要守夜一天嘛，我就帮忙守夜。上个月一个老倌儿，头天晚上还一起吃饭呢。回去他还喝了点酒，第二天早上就死了。……我没有存钱等死了用，他们存，他们有钱嘛，我现在都不够用的，还存钱！（个案A01：吴爹爹）

> 院民去世时福利院就通知村里，有亲人的还通知亲人，没有的就院里去办。买衣服骨灰盒埋葬，规定是1000元一个人，农村葬礼开销不等，平均至少要3000多，都是火化。总的说福利院做得还不错了，国家就这么多钱。有亲人的要讲排场嘛，亲人愿意负责就亲人负责，没有就由福利院埋到公墓。也会放鞭炮，没有人的，还会找人守夜，我就守过夜的。（个案B06：万大哥）

五保对象在医院病故的较少，多是因年老或者急病在福利院去世，也许是长期患病的五保对象因为医院治疗的效果不好或者福利院没有足够资金供他们长期住院养病，所以就在福利院安养。因为经常面临熟悉的五保对象去世，所以福利院五保对象的哀伤情绪处理很重要。

> 开头和我住的那个五保户，来了两个月就死了，我晚上就有点害怕。后来习惯了，一两个月就可能会有人死啊。（个案A03：郭爷爷）

> 生病才送医院嘛，又不是快要死了才送到医院，所以死在医院的五保户很少，一般是死在福利院。（个案A10：王爹爹）

访谈中，多数五保对象提起去世的五保对象时会情绪低落，要么是惋惜离世的突然，要么是遗憾由于没有亲人他们去世后的薄葬，以及对去世原因的猜测，"某某进来的时候好好的，到医院看病就没有回来"。五保对象通常在年纪大、身体差的时候进入福利院，也许不久就撒手人寰，这一现象常给分散供养五保对象以及部分村民可能会传递错误信息："某某进福利院的时候身体好好的，进了福利院就没了"，由于对信息的不了解造成的以讹传讹会降低五保对象的集中供养意愿。

第六节 五保对象的"零花钱"需求及其保障

除了生养死葬等方面的五保内容之外，五保对象还会有些独特的个别化的需求应该得到满足，例如理发或者购买卫生洗涤产品；或者基于人的情感或社会交往需求产生的消费行为，所以在日常生活中还会需要一些必要的消费支出。本研究将该部分支出统一称为"零花钱"支出。

一 集中供养的五保对象"零花钱"及其保障

集中供养的五保对象由福利院承担他们的衣食住医等方面的开支，另外福利院会给每个五保户一定的零花钱（BY福利院叫"绩效工资"），用于五保对象满足各自的特殊需求。

每个福利院对零花钱数额没有统一规定，一般是按照当地的经济发展水平和五保供养标准的高低而定，也会根据实际情况作出调整。四川 WC 镇福利院集中供养的五保标准相对较高，2008 年调整后每人每年 4200 元，所以他们的零花钱也由过去的每人每月 20 元增加到 30 元，每月月底发放，每年重阳、春节每人每节 100 元过节费；湖北 WD、WA 福利院，集中供养标准是每人每年 1500 元；BY 镇中心福利院集中供养的五保标准是每人每年 2000 元，三个福利院都是按照每人每月 10 元的标准给集中供养的五保对象，年终一起发放。

五保对象的零花钱通常是用在生活必须支出上，主要是理发、卫生纸、香皂、牙刷牙膏等日常生活必需品，这些都不包括在福利院五保内容中。此外，不少五保对象喜欢抽烟喝酒，而且四川的五保对象还有喝茶的习惯，所以烟酒茶占据了他们零花钱的一大半甚至全部。还有的五保对象要拿出部分零花钱用于打牌的牌资。相对而言，湖北省三个福利院的五保对象受经济条件制约，零花钱一般用于理发、购买洗涤用品或者抽烟等方面，打牌喝茶等娱乐消费很少，但是四川的五保对象经常抱怨零花钱不够用，湖北的五保对象抱怨较少。

30 块钱买啥的？买点纸，有的男同志老倌儿吸点烟，喝点酒，够什么嘛……我走不动，要请人打饭倒便盆，一天 5 角钱，我连 1 分钱也没剩的……（个案 A08：刘婆婆）

天天吃茶的话，剃脑壳（理发）都恼火，钱不够嘛……只能够吃茶，也不敢天天吃……在外头吃茶有的 5 角有的 1 元，1 元占多数。（个案 A12：李爷爷）

牙膏牙刷，长期吃药，都要钱。我一个月回家一次，主要是剃头。在福利院剃头两块钱，街上剃头三块。我回去找我姐夫给我剃，不要钱。我自己走回去。不坐车，坐车来回要两块钱。（个案 B03：夏爹爹）

多数五保对象觉得日常零花钱不足以支付日常需求，通常他们的应对策略不外乎开源和节流。开源就是增加收入，节流就是减少支出。开源包括旁系亲属的支持、以前的积蓄、在福利院参加有偿劳动等方式，节流则是减少开支，减少参与社会活动的机会。

我每月有300多收入，福利院的零花钱不够，2008年二三月份我花9100元买了社保，现在每月可领280元。我支出多，主要是抽烟（自己买烟叶，15元一斤，一个月一斤多），喝酒要35、40元，大约有14、15斤。以前每天要喝两顿酒，后来因为鼻炎所以喝酒少了，只是中午的时候喝2两左右。此外还会和朋友喝茶吃饭，有时一天5元有时一天10元，回家的时候会给侄子的小孩子（侄孙儿）买点吃的，因为自己是长辈。（个案A10：王爹爹）

我吃烟的嘛，还喜欢喝点茶。又吃烟又喝茶的，一条烟就要27，我一个月要花五六十块，福利院不够就外孙女她们给我，我以前在路边开个烟摊，还攒了点钱。（个案A09：李婆婆）

一个月三十就花三十，不够就忍得，不敢吃纸烟，吃纸烟更加不够。五毛钱揣了好几天了。要喝酒，要打牌，不够花就忍到嘛，没茶吃就喝点白开水，忍着嘛，不能去抢去偷。哪个存得起钱！（个案A01：吴爹爹）

除了抽烟，买点牙刷牙膏香皂，别的很少买，不够就帮着福利院做点事，看门，挣一点。（个案B06：万大哥）

零花钱金额多少在五保对象中有较大差异，也直接影响了他们的生活状况，甚至造成了五保对象中明显的社会分层，五保对象可支配收入（零花钱）差距很大，少的只有福利院发的十元、三十元，多的则有三四百元。多数五保对象的零花钱源于福利院的固定金额，但是有些五保对象因为参加社会养老保险、有亲属支持等原因，每个月会有几十到二三百元的"额外"进账，零花钱就相对充裕，因此生活状况与没有额外进账的五保对象有很大不同。

二 分散供养的五保对象的"零花钱"及其保障

在分散供养的五保对象中，零花钱没有单列，都包含在政府提供的每年2000元或者1500元的五保供养资金中的。他们除去饮食、衣物、门诊医疗等开销外，其他花费主要是洗涤用品和颇具地方文化习惯的烟酒茶，通常是烟叶、散装酒、散茶。分散供养五保对象比集中供养五保对象多出一项较大开支就是亲朋婚丧嫁娶的人情礼。入住福利院的五保对象较少参与亲友的社交活动，因此该项支出较少。

> 我吃叶子烟，一斤六七块，可以吃一个多月；每天都要喝酒，以前早上喝，现在就是中午和晚上，每次三两，一个月15块，茶嘛，称一点，也就是几块钱。别的没什么零花。（个案A11：杨爹爹）

> 侄子结婚要赶礼，今年是300元，别个通知你，还是要参加。有钱没钱都要出嘛，平常节约点。（个案A05：付爹爹）

> 平常我们不去看他们（亲戚），我们是长辈，他们有时候过来看看，小辈结婚、生孩子一般不告诉我们，走不动，知道了就买点东西让别人带过去，添孩子给几十块钱。（个案B01：陈吉秀）

零花钱增加了五保对象生活的便利，能够让他们的个别性需求得到部分自助满足。不过从零花钱的使用中能够看出浓厚的地方文化色彩，比如四川的多数五保老人认为外出喝茶、购买茶叶、打牌的支出是必需的，他们一直以来就有喝茶的习惯，甚至是到茶楼喝茶、打牌也是。四川的五保对象无论集中或者分散供养，主要的休闲方式就是打牌，每天输赢几块钱。该项支出占他们零花钱支出的较大比例。

第七节 小结

我国社会保障的政策导向是保障五保对象的基本生活，尤其体现在保吃、保穿、保住、保医和保葬方面，而这五保旨在保障五保对象的生存与健康，目的是满足五保对象的生理需求和安全需求。按照《农村五保供养工作条例》第十条规定，农村五保供养标准不得低于当地村民的平均生活水平，并根据当地村民平均生活水平的提高适时调整。但是在2006年新《农村五保供养工作条例》颁布之前，五保供养政策落实的主要问题之一就是五保供养标准低，难以尽显"五保"内容，更难保证五保标准达到当地村民平均生活水平，多数地区仅仅是停留在保吃的单一层面上。2006年新《农村五保供养工作条例》第十一条规定农村五保供养资金在地方人民政府财政预算中安排，由于保证了五保资金的来源，基本实现对五保对象吃、穿、住、医、葬"五保"内容的保障，大大提高了五保对象的"应保尽保率"。有些农村地区的五保对象因其被纳入社会保障制度内而成为村民羡慕的对象，尤其是在养老、医疗等方面，相对一些子女在外地打工无人照顾，或者子女生活水平较低自顾不暇，甚至子女不孝置老人于不顾的农村老年人，五保对象因隶属于体制内逐渐成为部分农村老年人羡慕的特殊群体。

一 五保标准有所提高，五保内容基本实现

四川省成都市温江区WC镇集中和分散供养的五保对象标准分别是4200元和2000元，湖北省宜昌地区当阳市BY镇集中和分散供养的标准分别是2000元和1500元，枝江市WA镇和WD镇五保供养标准是1500元，不区分供养方式。五保标准虽然没有达到当地农村居民人均消费支出，更没有达到当年当地村民平均收入水平，但是近几年一直在不断提高。

根据访谈，当前五保供养制度基本能够满足五保对象的日常生

活需求，五保内容基本能够实现。"保吃"的基本需求能够满足，集中供养五保对象的肉食摄取量和频率都高于分散供养五保对象；"保穿"方面，虽然除了个别福利院统一购置外，五保对象一年内甚至三年内没有购买新衣，但是他们多数反映自己在"保穿"方面的需求不高，通过政府和亲朋的支持能够得到保障；"保住"方面，依然有少数分散供养五保对象的住房难以得到保证；"保医"方面，在新型合作医疗、医疗救助制度和五保供养政策实施后，基本能够解决五保对象的生病及时就医问题，不过五保对象尤其是分散供养五保对象对于相关政策的信息了解度不高；"保葬"方面也基本能够满足五保对象的需求，《四川省〈农村五保供养工作条例〉实施办法》还规定："农村五保供养对象死亡后，县级人民政府民政部门应当按农村五保供养对象一年的供养标准一次性支付丧葬补助费。丧葬补助费从当年的五保供养经费中解决。集中供养的，由五保供养服务机构办理丧葬事宜；分散供养的，由村（居）民委员会办理丧葬事宜"，所以保葬方面有一定的政策保障。但是有少数五保对象希望能够葬得"体面"、"风光"，所以会从五保供养资金中节约部分以备后事之需。

在保障实现五保对象基本生存权的保吃、保穿、保住、保医、保葬五项中，保吃和保穿"两保"的保障力度最高，五保对象的满意度也最高，患病就医的满意度相对较低，而且部分五保对象，尤其是分散供养五保对象，他们不清楚医疗保障的相关政策，觉得所有的保障都包括在每年固定的五保资金中，保医的支出多了，就会影响其他方面的支出。

二 五保对象的供养方式不同，保障水平有一定差别

五保对象选择的供养方式不同，他们在经济方面的需求类型和需求强度不同。一般来讲，集中供养五保对象对于吃、穿、医等方面的需求更高，其满足程度也更高，而且他们的划分相对更细。对于分散供养的五保对象而言，当前的必需保障内容也是最急迫的就

是"保吃",所以每年定额的五保供养资金首先要满足"保吃"的需求。"保住"是一个长期的也是花费较多的需求,由于资源有限,所以就会将这一需求置后。相对而言,集中供养五保对象在保吃、保穿、保住、保医和保葬方面更加全面,尤其是在保住和保医方面。

85%以上的集中供养五保对象对福利院提供的五保内容表示满意,尤其是在"保吃""保葬"和"保住"三方面,都达到90%以上。他们对五保内容的满意度从高到低依次为"保吃""保葬""保住""保穿"和"保医"(参见表4-2)。

表4-2 集中供养五保对象对"五保"内容满意度(N=42)

单位:%

	很满意	比较满意	一般	不太满意	不满意
保吃	59.5	38.1	2.4	0	0
保穿	45.2	40.5	9.5	4.8	0
保住	57.2	33.3	7.1	2.4	0
保医	26.2	35.7	31.0	7.1	0
保葬	52.7	41.7	5.6	0	0

虽然入住福利院的五保对象更能保障五保内容的实现,但是部分分散供养五保对象觉得自己不能适应福利院秩序化的管理和程序式的生活规律,所以入住意愿暂时不高,等生活自理能力不足时才会考虑。

三 五保供养制度的难点:"保住"、"保医"

"保住"一直是五保供养工作中相对薄弱的环节,尤其是分散供养五保对象。和以往的研究相似,分散供养五保对象的住房通常是本村最差的。但是究其原因,主要是由五保对象的无力、无钱和无心造成的。"无力"是指五保对象本身没有体力和能力修缮房屋,需要他人帮助自己修修补补;"无钱"是指五保供养资金对于修建房屋改善住房条件来说是杯水车薪;"无心"是指五保对象自身改善居住环境的动机不足,觉得自己已经年老体衰,"没几年活头","修好房子、盖个新房"也无人继承。所以村委会和乡镇民政部门在对五保对象的"保住"工作中的重点不仅仅是提供危房改建的救助、提供人力支持,也包括改变五保对象"得过且过"的心态。

五保供养制度实施以来,尤其是集体经济瓦解后,"保医"一直是五保内容中的弱项,五保对象的这一需求很难得到满足。访谈中发现,五保对象患病就医基本能够得到治疗,尤其是集中供养五保对象。但是和其他相关国家或地方政策一样,部分五保对象根本不了解农村合作医疗和医疗能力等相关政策,所以有时会出现"福利不利用"的现象,例如湖北省当阳分散供养的五保对象不知道可以申请门诊补助,按照当阳市2009年制定的《医疗救助办法》,五保对象门诊补助标准由以前的每人每年100元提高到300元,但是访谈的五保对象无一提到该救助办法,所以部分五保对象依然和以前一样"小病拖,大病扛"。

四 关于五保对象经济需求保障的思考

通过对五保对象的考察,本书得出如下基本判断。

五保对象饮食不规律,存在营养误区。针对这一现状,应该提高分散供养五保对象的生活自理能力,尤其是男性丧偶五保对象,可以组织学习烹饪技术,倡导饮食规律。福利院和社区可以开展相应的外展服务,提供生活自理能力的训练和协助,例如送餐、培训等。对于福利院的五保对象饮食上的自主性不高,可以征集大家喜欢的菜肴,结合专家意见和福利院实际情况,制订每周或每月菜谱。针对五保对象营养知识不够,可以进行相关宣传,倡导合理饮食,营养搭配等。

住房条件需要改善。对分散五保对象的住房应作出及时评估,不能居住的危房一定要进行修葺。动员邻居、村干部等社区资源,改善五保对象的环境卫生，倡导福利院工作人员定期探访服务。进一步完善福利院现有住房，以便满足五保对象的居住要求，尤其是改蹲便器为坐便器等措施。改善房间通风采光措施，尽量提供更适合居住的房间，办公用房可以迁移至条件稍差的楼层。

医疗保健的需求保障不足。可针对五保对象开展地方病、常见病的预防与辅助治疗、定期全身体检，做好医疗保健工作，协助睡眠障碍者进行放松训练，改善五保对象的睡眠状况。对于分散五保对象的医疗保健也应纳入福利院工作范畴，可隶属于福利院外展服务人员的工作职责。

过世安排和哀伤处理。五保对象虽然知道国家的保葬政策，但是由于自己缺乏亲人，难免还是会担心自己的身后事。让五保对象了解自己去世后所在的村委会及福利院的处理惯例，提出自己是否有特别要求，村或福利院是否能够满足，也可签署协议，作出书面约定。另外福利院还要及时处理其他老人的去世给五保对象造成的心理阴影。

第五章　农村五保对象的非经济需求及其保障

社会保障制度的核心是保障弱势群体乃至全体社会成员的生活，完善的社会保障制度应该是物质保障和精神保障的协调与均衡。物质保障是精神保障的基础，因为社会成员的物质需求的满足优先于精神需求的满足。《孟子·梁惠王上》记载："今也制民之产，仰不足以事父母，俯不足以畜妻子；乐岁终身苦，凶年不免于死亡。此唯救死而恐不赡，奚暇治礼义哉？"但是社会保障制度不应该仅仅是经济、物质或者是单纯金钱方面的保障。

随着经济发展和社会保障制度的完善，以满足基本生理需求为代表的物质层面的保障，仅仅是较低层次的最基本的保障制度，为了保证社会成员能够真正享有经济层面的保障制度，还需要完善各种制度。例如当前一些地区以五保内容为主体的经济保障制度已经基本能够满足五保对象的衣食住行等生理需求，但是五保对象如果不能得到日常生活照顾，或者住院期间不能得到适当护理，可能促使他挤占有限的五保供养资金购买服务，降低五保供养标准。甚至有研究者在湖南地区进行的调研发现，一些地区的五保对象由于活动不便、缺乏照料，竟然还出现了"有钱不能花"的现象（吴晓林，万国威，2009），因此应当为保证社会成员享受经济保障提供条件。

此外，根据马斯洛的需求层次论，当个体的较低层次的需求得到满足之后，就会产生较高层次的需求。五保供养制度满足的是目标群体的生理需求以及高一层次的安全需求，当五保对象基本的生存需求满足后，他们进而产生更高层次的需求。例如五保内容更加全面、五保标准相对更高的四川WC镇的五保对象，他们对五保供养制度的满意度并不比湖北宜昌地区的五保对象高，因为他们有更多的需求，因而对社会保障政策的期望更多。

　　人类的精神需求是以物质需求为基础，但又高于物质需求的更高层次的需求。2006年新的《农村五保供养工作条例》颁布实施之后，五保对象的物质需求得到一定程度的满足，在此基础上是否会产生更高层次的精神需求，其精神需求满足现状如何，这直接关系到我国五保供养制度的进一步发展和完善。本章节主要探讨五保对象的非经济方面的需求，分为三大部分：照顾需求、精神需求和自主性需求。五保对象的照顾需求是指生活自理能力不足的五保对象在日常生活衣食住行方面以及生病住院后需要支持和照顾，即生活照顾和医疗护理照顾。精神需求是指由于疾病、衰老或社会环境条件的变化而产生的主观心态失衡，为维持和恢复主观心态平衡，实现满足和尊严而引发的一种渴求状态，包括情感需求、文化娱乐需求、人际交往需求、教育需求、政治参与需求、自我实现需求等内容，本书主要是指五保对象人际交往需求、休闲生活需求和社会参与需求。自主性需求从本质上说是五保对象精神需求的一种，大概等同于马斯洛需求层次论中的尊重需求和部分自我实现需求，是指五保对象在生活等方面的自由性、自主性；五保对象在五保内容上存在的差异性通常和五保供养方式的选择有密切关系，"入院自愿，出院自由"，说明五保对象在供养方式的选择上应当有较强的自主性，对这一自主性考察对于保障五保对象的实际生活有较强的帮助，因此本书重点考察五保对象供养方式选择上的自主性及其表现。

第一节　五保对象的照顾需求及其保障

　　《农村五保供养工作条例》中规定除了为五保对象提供疾病治

疗外，还应当"对生活不能自理的给予照料"，因此对五保对象照顾需求的保障应当被纳入五保供养内容。此外，《民政事业发展第十一个五年规划》也明确指出，农村五保供养工作也包括为五保对象提供生活照料。按照《农村五保供养工作条例》的规定，满足五保对象照顾需求的服务提供方是五保供养服务机构或村民委员会，"集中供养的农村五保供养对象，由农村五保供养服务机构提供供养服务；分散供养的农村五保供养对象，可以由村民委员会提供照料，也可以由农村五保供养服务机构提供有关供养服务"，"村民委员会可以委托村民对分散供养的农村五保供养对象提供照料"。

以往研究者的实证研究指出，农村五保对象的照料需求基本不能得到满足。多数五保对象年老体衰，有相当一部分人生活自理能力较差，多数福利院没有专门的护理和服务人员。有照顾需求的五保对象只能是不定期地得到院长等人的偶尔照顾，而分散供养的五保对象则根本得不到五保供养条例中规定的待遇，尤其是患病期间境况更为悲凄（洪大用等，2004）。分散供养的五保对象中身体较好，有一定自理能力的五保对象一般是自己料理自己的生活；身体欠佳，生活不能自理者，幸运的有邻居亲友日常关心照料，其他的方面就无人问津，真正成为了农村社会中的边缘群体（李瑞德，2007）。即使生病住院期间，87.4%的孤寡老人表示没有得到亲邻照顾，感到"无亲无故"，甚至发生过好几起孤寡老人在孤寂的小屋去世多日之后才被发现的事例（王翠绒、刘亦民，2008）。杨团、张时飞（2004）等人认为五保对象尤其是分散供养五保对象缺乏照顾的主要原因是村组撤并和精简人员，造成工作人员缺乏和责任分散。在村管理范围扩大但村组干部人数减少的情况下，村组干部很难有时间和精力顾及到分散供养五保对象的生活照料和安排，更谈不上如何更好地提高服务。为推卸责任，不少村委会甚至把分散供养五保对象下推至村民小组管理，更使分散供养五保对象无人过问的现象普遍存在。

本研究发现，五保对象存在较强的照顾需求，目前照顾需求的满足得到一定程度的改善，尤其是集中供养五保对象。由于福利院通常配备了一定的工作人员，为需要照顾、护理的五保对象提供必要的服务，也发动院内有能力的五保对象为他人提供适当的帮助和有偿服务，缓解福利院工作人员人手不足的压力。但是分散供养五保对象很难从正式的社会支持系统例如村委会、村民小组等方面保障自己照顾需求，他们要么是自我照顾，要么是亲属、邻里的非正式社会支持力量提供临时性、短期性照顾服务。

一　五保对象照顾需求的保障现状

照顾需求是和五保对象自身的生理功能和社会状况紧密联系在一起的。本书借鉴了学者对老年人功能状况的评估工具（因为五保对象中85%以上是老年人）。通常老年人功能状况评估可从两方面反映，首先是基本的日常生活活动能力（activities of daily life, ADL），是指满足日常生活需要所必需的基本行为活动，如穿衣、洗漱、梳头、吃饭、如厕、上下床活动等，丧失这一层次的功能，即失去生活自理的能力，需要他人帮助或者借助器械等帮助才能保证日常生活；其次是工具使用的生活活动能力（instrumental activities of daily life, IADL），是指满足社会生活所必需的行为活动，包括洗衣、做饭、家务清扫、购物、出行、自理经济等，丧失这方面功能则不能进行正常的社会生活，只能在狭小的生活范围内行动（邓荆云，2005）。

根据中国老龄科学研究中心的调查数据显示，60岁以上的老年人中约有2%~7%左右在穿衣、吃饭、洗澡和上厕所等基本的日常生活方面不能够自理或完全不能自理，这一比例在85岁以上的老年人中达10%以上；60岁以上的老年人大约60%~65%左右在做饭、洗衣、料理家务等方面需要帮助。农村老年人对日常生活照顾的需求自我评估，要高于该数据。根据王雁（2001）对农村老年人的研究得出，农村79岁以下的老年人认为自己日常生活需要照料的为7.5%，这一比例在80岁以上的老年人中则占30.4%。由于五保对象中85%以上是老年人，尤其是湖北省五保对象中老年人更高达90%以上，其次是残疾人和未成年人，因此，五保对象自身的生活自理能力相对较弱，需要得到外界照顾才能安度时日。对五保对象来说，工具使用的生活活动能力（IADL）一定程度上已经丧失或者部分丧失，为了减少需求，他们主动压缩了自己的生活空间。如果五保对象基本的日常生活活动能力（ADL）尚可，他们通常会倾向于居家分散供养；如果丧失了基本的日常生活活动能力，再加上未婚、丧偶及无子女等原因，他们在没有关系亲密的家属能够在传统意义上发挥家庭功能，又不能提供自我照顾的时候会选择入住福利院。但是无论选择哪种五保供养方式，五保对象都会产生不同程度的照顾需求。本书中的照顾需求是指五保对象在日常生活中感受到力不从心时的协助与照顾，包括日常生活活动能力和工具使用的生活活动能力两方面，例如洗衣做饭外出等，以及五保对象生病和住院期间的护理和照料。

（一）集中供养五保对象的照顾需求保障状况

整体上看，集中供养的五保对象基本能够得到一定的生活照顾和医疗照顾。照顾提供者主要是福利院，包括福利院的工作人员和福利院低薪聘请有意愿有能力的其他五保对象；亲朋等非正式系统提供的照顾有限。

本书的访谈对象通常是福利院具备一定沟通交流能力的五保对象，他们的身体健康程度较好，年龄较低。但是从表5-1可以看出，他们依然有不同程度的功能丧失，尤其是在社会适应方面，例如基本不能进行生产劳作，一半左右的人上街购物存在困难，接近40%的五保对象没有能力自己做饭，甚至20%的五保对象在吃饭上需要他人不同程度的帮助，相对而言，他们在自己穿鞋子、穿衣服方面的照顾需求较少。

表5-1 集中供养五保对象的生理功能与社会功能（N=42）

单位：%

	完全能	基本能	需要别人帮助	完全不能	合计
自己穿衣服	90.5	7.1	2.4	0	100
自己穿鞋子	95.2	4.8	0	0	100
自己洗衣服	83.4	7.1	9.5	0	100
自己洗澡	85.7	9.5	2.4	2.4	100
自己做房间卫生	81.0	9.5	9.5	0	100
自己上厕所	71.4	16.7	11.9	0	100
自己做饭	45.2	14.6	4.9	34.3	100
自己吃饭	75.0	5.0	7.5	12.5	100
自己上街购物	41.5	9.8	12.2	36.5	100
自己种田	19.5	12.2	2.4	65.9	100

福利院残疾、痴呆的人员大概占福利院总数的1/3，这些人需要工作人员帮忙，伺候不能动躺在屋里的，送饭，有的还要喂饭，打扫卫生，洗衣洗被，忙不开，我们也需要其他老人帮助，给他们点报酬，不多，福利院经费也紧张，一天几角钱。能动的（五保对象）尽量动员他们自己做，不能动的或者有些他们做不了的我们就帮忙，比如洗被子。（湖北BY镇福利院刘书记）

我的衣服平时自己洗，这里都是这样，能自理的就自己洗衣服自己打饭吃；生病的、不能自理的就有工作人员专门送开水送饭、洗衣服、打扫清洁卫生。还有的比较特殊，比如完全不能自理的，就到特护区，全部要工作人员搞，喂他吃喝，帮他洗擦，那样的也有蛮多，十几个吧。（个案B03：夏参参）

福利院的工作人员数量较少，一般除了院长、副院长和财务人员之外，只有一名炊事员，一名工作人员，因此工作量较大。通常福利院会动员年轻的、有能力的五保对象为自理能力不足的五保对象提供适当的服务，一般有一定的报酬，个别五保对象的亲属也会支付一定的报酬。

对于瘫痪人员，通常就请走得动的人照顾。瘫痪的都八九十岁了，吃喝拉撒都在床上，我也照顾过。像是某某老倌儿，瘫痪，每个月他妹妹出 100 元，这里（福利院）出 20 元，包括重阳节的钱 100 元、春节的钱 100 元都该他（提供照顾的五保对象）领，没点想头，谁干！（个案 A01：吴爹爹）

但是福利院有自己的评估体系判断哪些五保对象需要出钱聘请人员提供服务，一般以瘫痪在床或者病后刚出院的五保对象居多，多数五保对象的日常生活照顾还是以自理为主，辅以临时照顾。如果五保对象自己有经济能力的话，可以自己出资请其他五保对象帮忙。这一现象仅是在经济条件稍好的四川省 WC 镇福利院中才有，湖北省的三个福利院五保对象的经济条件相对较差，没有自己出钱购买日常照顾服务或者医疗照顾服务的，确实有必要的，一般是福利院出钱或出人提供服务。

（福利院）还好，有人洗衣服，吃早饭的时候她问谁要洗衣服就拿出来，她家家来收嘛，洗好后有的她看惯了，知道是谁的，就给你收起来拿过来。我现在还能自己照顾自己，自己做卫生，自己洗澡，但是我脚杆痛，有时候走不了那么远的路打水打饭，他们工作人员觉得我还不需要照顾，所以不管送，我就自己出钱请人帮我打点开水啊、倒尿盆啊，1 天 5 毛钱……有时候我也自己去，就不给钱别个。（个案 A08：刘婆婆）

除了刘婆婆之外，同一福利院的李婆婆因骨折住院，住院期间的费用都是福利院支出,而且福利院派年轻的五保对象在医院照顾李婆婆,李婆婆出院后也是一直由福利院按照每个月 15 元的标准请她同屋的一个四十多岁的哑巴为其端饭打水。

(二) 分散供养五保对象的照顾需求及其保障

相对而言,分散供养五保对象的照顾需求没有集中供养的五保对象强烈。一方面是因为分散供养的五保对象年龄相对年轻,生活自理能力较强;另一方面部分分散供养五保对象有配偶,能够提供一定的相互支持与照顾,同时,居家五保对象的亲朋探望他们的频率往往要高,尤其是在生病期间,通常还能够从亲朋那里获得一定的照顾和支持。集中供养五保对象的亲朋探望频率相对较低,所以他们对福利院的依赖程度较高。一旦五保对象的自理能力不足以保障他们的日常生活照顾和医疗照顾的时候,往往会催生他们选择集中供养的决定。所以分散供养五保对象的照顾需求不强。

> 自己身体还健康,人家有病不能动嘛。进去(福利院),自己有手有脚需要别人照顾什么啊?当废人养着啊!我想等生活不能自理了,我再进……但是有时候病情也考虑不到,这向我看病花了 300 多……(是不是进福利院)我思想上犹豫得很。(个案 A05:付爹爹)
>
> 那一向生病住院时,是老伴在医院照顾,侄女也去看过几次,平常侄女也经常过来帮忙。(个案 B01:陈吉秀)
>
> 生病时是妹妹的姑娘在医院照顾,弄吃的喝的,都是侄姑娘。(个案 B05:王开珍)

除了生病等特殊情况之外,分散供养的五保对象基本上是自己照顾自己,自己洗衣做饭吃饭购物做卫生等,还有的五保对象自理能力较强,例如还能够自己种田种菜的 76 岁的杨爹爹(个案 A11)。在农村,没有城市职工明确的退休年限,所以他们虽然加入了五保，只要身体条件允许的情况下，依然在家在田间劳作，一直到做不动为止。

> 还有点田，水田加旱田，两亩地，水田种不动了，旱田种点苞谷，以前种得多还能卖点，种点油菜，还收几百斤油菜。现在年纪大了也弄不成了，今年还没有耕。就是还自己种点小菜。（个案B05：王开珍）

虽然分散供养五保对象表达的照顾需求不高，但是通过观察以及邻里的访谈，独居的分散供养的五保对象还是有一定的照顾需求，例如湖北当阳的杨久富（个案B02），从他的衣着到房间卫生等方面都可以感到他在做饭、洗衣、卫生保持等方面能力不足。

在分散供养的五保对象照顾需求的满足上，多数是自给自足自我照顾，兼有亲朋邻里等非正式系统的随意性、不定期的支持，但是几乎没有村委会等正式组织提供服务。

二 五保对象照顾需求方面的特点

综上所述可以看出五保对象照顾方面的需求具有以下特点。

第一，福利院和分散供养的五保对象照顾需求和满足状况不同，集中供养五保对象的需求较高，但满足状况也较好。分散供养的五保对象通常是自我照顾，或者夫妻相互照顾。分散供养的五保对象年龄偏小，有较高的生活自理能力，照顾需求不强。从五保对象对供养模式的选择意愿上也能反映出来。

> 对那些身体不好不健康的人讲，到福利院生活好些；但是如果身体健康，在外面随便找点事情做就比在福利院生活好，平常自己做事（打工）满足自己的生活，年底取一次五保金，2000元，就可以存起来，所以我加入五保之后才有了存款。现在身体不行了，就住福利院，不用操心。（个案A10：王爹爹）

相对于分散供养的五保对象，集中供养的五保对象照顾需求满足程度较好，尤其是做饭、洗衣等日常生活照料方面。福利院每天供应一日三餐，并协助能力不足的五保对象洗涤衣物，卫生也有专人负责。日常生活需要照顾的五保对象，福利院工作人员人手不足，会出资聘请别的有意愿的五保对象提供照顾。看病住院等对福利院五保对象来讲更加简单，而且在生病住院期间，除了五保对象这一群体内部的互助，也有福利院的特别安排。当五保对象住院的时候，福利院通常会出资聘请医院的护工。因此，五保对象比较认同福利院提供的照顾服务。

> 走不动的（五保对象）福利院就会请别的五保，帮你端三顿饭，帮你打热水，还要怎样，顶在脑壳上？不可能的，自己有儿女，时间长了还不就是那样。（个案A01：吴爹爹）

> 在医院的时候是请人照顾我。医疗费、生活费，请人的钱是福利院出的，我是五保户嘛，哪里有钱？起码要几千。出院后回到福利院，还得请人端饭，也是集体给钱。工作人员都有其他事情，所以就请这里能走得动的人（五保户），他们也是想赚些钱。一个月20元，都是福利院出。（个案A09：李婆婆）

但是是否需要照顾服务，要经过福利院评估，并不是所有的五保对象享有待遇。李爷爷同样住院但是没有护工看护，出院后也没有人帮助照料日常生活，他认为是自己"和院长关系不好"，"入住福利院的时间短"等原因造成的。也有个别五保对象自己觉得有一定的照顾需求，例如四川WC镇福利院的刘婆婆，觉得自己年纪大，需要有人帮助自己端饭、打开水、倒便盆等，但是福利院评估的结果是她能力尚可，不能为她提供此类帮助，她自己出资请人帮忙。

福利院出资购买为五保对象提供服务的行为有一定的负面作

用，不但扼杀了五保对象内部的互助精神，而且强化他们觉得对五保对象提供照顾是福利院的责任，所以五保对象很少免费照顾自己同屋的另一位五保对象，觉得福利院应该出钱。"我为什么照顾他？我也是五保户啊，有国家管的嘛。"

总体上讲生活在福利院的五保对象能够满足一定的照顾需求，但是分散供养的五保对象相对缺乏日常照顾和医疗照顾，不过他们表达的照顾需求并不是很强烈。

第二，五保对象的照顾需求支持不足，尤其是分散供养对象。主要表现为亲属照顾的缺失、邻里相助的缺少和正式社会支持的缺位。亲属的缺失和市场化发展对于亲属义务形成了冲击，亲属（兄弟姐妹及其后代）在对五保对象的照顾中并不能承担主要作用。《婚姻法》规定"有负担能力的兄、姐，对于父母已经死亡或父母无力抚养的未成年弟、妹，有扶养的义务。由兄、姐抚养长大的有负担能力的弟、妹，对于缺乏劳动能力又缺乏生活来源的兄、姐，有扶养的义务"。但事实上兄弟姐妹对他们的照顾也没有法律法规保障。有的五保对象反映他们生病的时候在家连饭都吃不上，只有在住院的时候能够获得亲属的一定关注，会有侄子侄女或者其他亲人的短期看护。甚至个别五保对象住院后还是自己照顾自己，或者由医护人员帮忙，很少麻烦自己的亲属。

邻里的守望相助本来是中华民族的传统美德和生活习惯，但是随着市场经济的冲击，人们的行为具有较多的功利色彩。同时农村社会经济结构发生较大变化，多数青壮年村民都离开农村到城市打工，留守农村的往往是同样需要照顾的老人、儿童和部分妇女，所以邻里相助缺乏意愿和能力。《农村五保供养工作条例》规定村委会和五保供养机构应当提供一定的照顾，但是村委会由于机构精简，人手不足，而且是留守农村的主力军，照顾村民的任务较重，加上五保供养的筹资主体转移到国家保障，村委会通常放弃了所有五保供养的相关工作，也不会主动承担照顾的责任。甚至常动员五保对象入住福利院。

所以有的五保对象就是因为住院或者生病，而缺乏亲属或邻里照顾，最后激发了自己进入福利院，接受福利院照顾的入住意愿。

第三，五保对象尤其是分散供养五保对象表达的照顾需求不强，这和我国传统的福利文化有关。他们常常讲"自己能做的事不用麻烦别人""自己有手有脚，为什么要别人帮忙""不行的话就将就一点"等。因此在照顾需求方面，五保对象表现出较强的传统福利文化色彩。福利文化是指影响社会成员权利、义务观念的价值，以及作为这些观念具体表现的惯例和习俗。自助、克己、节俭和亲属义务等因素构成了我国传统社会"实用性家庭主义"特征的价值观。自助、克己、节俭等传统因素促使五保对象习惯将自己的需求内缩，尽量减少自己的需求，习惯于克己和自助、自理的生活，不能依赖家庭，也不愿依赖以村庄或者福利院为代表的集体主义。而且集体主义意识形态的长期教化，也使得五保对象较多选择自己克服生活中的困难，尽量"不给集体找麻烦"，"自己能过，就不要麻烦国家"。"吃五保"这一标签也会让一小部分人已经感觉自我价值丧失，再给集体提出照顾的要求更加不应该。有的五保对象入住福利院就图个"三饱一倒"，其他日常照料就自己做，例如洗衣、卫生等，"不愿意让别人洗，反正也不费事"，"有啥子困难自己克服嘛"，"自己还能做就自己做，何必麻烦院里"。亲属义务本来是我国的传统文化，但是由于五保对象很少有直系亲属，长期的独自生活（或者与配偶的相互照顾）和旁系亲属交往不多，而且他们常常觉得"各家有各家的事，不麻烦别人"，再加上空间的距离（五保对象常住在相对偏僻的地区），所以除非在生病的时候，一般很少会得到亲属的日常照顾。

第四，亲戚朋友在五保对象提供医疗照顾中能够起一定作用。分散供养的五保对象日常生活中照顾需求不强，多数是自我照顾。与之相比，福利院集中供养的五保对象有较强的日常照顾需求，满足他们这一需求的服务提供者依次是福利院工作人员、朋友、亲戚、邻居或者是自己，但是在需要医疗照顾的时候，多是亲友等非正式社会支持系统发挥作用。不过因为访谈的五保对象一半以上没有生病住院的经历,所以该方面的需求状况不明显。

虽然五保对象的亲戚朋友数量并不多,但是与日常照顾略有不同的是,在五保对象需要医疗照顾的时候,多数五保对象会选择告知亲戚朋友,也能够从亲戚朋友处获得一定的照顾。这一现象并不会因为五保对象的供养方式不同而有明显差异,甚至选择集中供养的五保对象生病住院期间也是由自己的亲朋承担主要照顾者的角色,其次才是福利院的工作人员或者五保对象的自我照顾(参见表5-2)。

表5-2 五保对象的照顾需求及其提供者(N=42)

单位:%

	亲戚	朋友	邻居	福利院工作人员	自己	缺省值
生活照顾	11.9	16.7	11.9	47.6	11.9	0
住院期间医疗照顾	26.2	2.4	0	11.9	7.2	52.4

第二节 五保户的精神需求及其保障

当社会成员最基本的物质需求满足或一定程度满足之后,在"仓廪实"和"衣食足"的基础上自然会出现精神需求。精神需求是由于社会环境条件的变化而产生的主观心态失衡,是为了维持和恢复主观心态平衡,实现充实、满足和尊严而引发的一种渴求状态,包括精神文化生活需求和情感交流的需求,具体是指情感需求、休闲娱乐需求、社会交往需求、求知需求和社会参与需求等方面。休闲娱乐需求是指培养和满足各种兴趣爱好的要求,社会交往需求指建立和维系互助和互通信息的社会关系网络的要求,求知需求是指通过各种途径获得各种信息、知识、意见的要求,社会参与需求,即通过扮演一定的社会角色来继续参与社会发展,以实现价值和尊严的要求。

其中情感需求属于最核心的层次，代表人类归属和爱的一面，通常和亲情、爱情联系在一起。调查表明，有超过80%的农村孤寡老人觉得自己现在的生活太孤独，羡慕那些有儿女的老人。个别孤寡老人甚至认为自己早已被这个社会所遗忘，活着是多余的（汤鸣，2007）。对一般老年人来讲，情感需求的满足主要依赖子女和配偶两方面，但是对于五保对象而言，这种情感需求只有一小部分人能够得到，他们和配偶共同生活，彼此照顾，也提供了极大的情感支持。在笔者访谈与调查的所有五保对象中，仅有4例五保对象配偶尚在，2例五保对象有女儿。其余则是未婚单身或丧偶，且没有子女。多数五保对象过的是独居生活，没有配偶，更没有子女。五保对象中文盲、半文盲占多数，他们文化娱乐活动单调或者迫于生活压力根本就没有娱乐活动，致使大部分孤寡老人感到空虚、寂寞。

另外根据部分学者对老年人精神需求的研究，认为对老年人的精神赡养是不可缺少的部分，是健康老龄化的一个重要条件。老年人在基本物质需要满足之后，如果其精神需求得不到社会的关怀、引导和有效满足，他们的精神生活就可能陷入无序状态，消极、负面甚至反动的东西可能会有机可乘。有调查研究表明，在"法轮功"修炼者中，老年人大约占60%的比例（周绍斌，2007）。另外，身体欠佳、精神世界空虚还可能导致宗教信仰人数的增加。郑风田、阮荣平分析了新型农村合作医疗与信教之间的关系，证明新农合对农村"宗教热"有一定的遏制作用。宗教具有某种社会保障功能，农村居民的健康状况是其宗教选择和宗教参与的一个重要决定因素。新农合的开展使得宗教的社会保障功能对农村居民的吸引力明显下降，由政府和社会所提供的社会保障与农村宗教提供的社会保障之间具有替代作用（郑风田等，2010）。本书的访谈对象中，有天主教徒基督教徒。有一名老人在分散供养的时候曾经信仰过基督教，但是集中供养之后，由于参加集会不便、缺少教友等原因，逐渐放弃了这一信仰。已去世的某五保对象，信仰佛教，从有限的五保供养资金中节余一定金额用于捐助寺院。因此，虽然宗教与社会保障的关系不是本书的研究重点，但笔者也希望社会保障制度能够全面保障五保对象的物质生活、照料服务和精神生活，尤其是提倡健康的精神寄托，使之不能涉足邪教等组织。

对于五保对象来说，社会保障不仅要着眼于改善他们的物质生活条件，在提供物质保障和生活照顾的同时，更要在人际关系、社会参与和精神方面为他们创造宽松、和谐的社会和心理环境。本书将五保对象的精神需求操作化为他们与亲戚、村干部和其他五保对象这三个交往频率较高的群体的人际关系自评状况，平时的休闲娱乐状况以及对社会事务的关注和参与状况三个方面。

一 五保对象的人际交往需求及其保障概况

五保对象的社会交往面较窄，交往对象较少，频率较低。他们的交往对象通常可以分为三类：亲属、所属村庄的村干部、邻居或其他五保对象。其中五保对象的亲属是指由五保对象的兄弟姐妹以及兄弟姐妹的子女构成的旁系亲属，只有个别五保对象有父母或子女等直系亲属；五保对象所属村庄的村干部主要是指村党支部书记和村长等，尤其是负责五保供养工作的干部；在福利院生活的五保对象，其邻居就是其他五保对象，而分散供养的五保对象除了与邻居交往较多之外，因为与同村组的其他五保对象同"病"相连，相似的社会经济地位可能会促进他们彼此之间的交往。因此笔者在考察五保对象的人际关系时比较侧重他们对这三类群体人际关系的自评。通过访谈资料可以看出，五保对象的社会交往和人际关系并不乐观，尤其是部分五保对象与亲属、村干部之间的交往较少，甚至关系恶劣。

第一，亲情的缺失

五保对象的亲属数量普遍较少。从"五保对象"的界定可以看出，五保对象没有赡养人或者赡养人不具备赡养能力，事实上五保对象未婚、丧偶、无子女的人占多数，所谓的"家"长期以来就是一个人。因此对于多数五保对象来讲家庭的亲情缺失普遍存在。笔者访谈的五保对象中只有4位分散供养的五保对象和配偶一起，年仅15岁的付小草（个案B07）还有一个身患精神疾病集中供养的母亲，有1位五保对象有远嫁的养女（个案B05：王开珍），其余的五保对象均没有直系亲属。但是由于以前没有计划生育政策的制约，五保对象通常还有兄弟姐妹，所以五保对象的亲属主要是指自己的兄弟姐妹和他们的子女。

五保对象与亲属交往呈现被动性、单向性，且交往频率较低。五保对象本身由于自身活动能力所限，很少主动探望亲属，加强和亲属的人际联系，他们的人际交往一定程度上是被动的、单向的。但是由于缺乏直系亲属，兄弟姐妹也都年纪较大，侄子女等后辈多数忙于生计甚至在外打工等原因，五保对象和亲属之间的交往频率不高。只是在逢年过节的时候会有亲属过来探望五保对象，大约一年一两次，或者是在五保对象生病甚至住院的时候过来探望。这种低频率的交往很难给五保对象带来亲情的支持与满足。

> （平时）哪个来看你嘛！各家都有各家的事，都没的时间。顶多就是春节啊生日啊买点茶叶、点心来一下。（个案A07：刘爷爷）

> 我只有一个哥哥，（我住福利院后）他没来看过，他也蛮大年纪，侄子他们要等我生病才会来看哈，平常不得来。（个案A03：郭爷爷）

> 家里就有一个兄弟和侄儿子。我身体不好他们来，身体好他们就不来。农村的生活忙啊，他们来了我也没有生活（钱）招待他们。（个案B03：夏爹爹）

福利院集中供养的五保对象在人情礼节上和分散供养老人不

同，按照不成文的惯例，入住福利院之后旁系亲属的婚丧嫁娶等不再需要"赶人情"、给贺礼，所以亲友婚丧嫁娶等活动也就不通知他们，所以五保对象很少参加亲戚间的活动，逐渐与亲友隔离。集中供养的五保对象即使去参加亲友活动也可不送礼物，因为"我吃五保，住福利院了，哪里有钱啊"。分散供养的五保对象和亲属之间的关系并不因为住所较近交往频率就增加，日常交往很少，通常只有春节晚辈来拜年，婚丧嫁娶等重大事件发生时会参加随礼，随礼会增加五保对象的经济压力，但一定程度上增加了和亲属的交往。

大哥死了，二哥有四个儿子，一般也不来。邻居就是二哥的老么，碰上就打个招呼，平常也不得来……结婚的时候要去的，要赶礼，300嘛。他们看望我的时候，一年都没的一回。（个案A11：杨爹爹）

如果有亲属且亲属探望频率较高，不仅能满足五保对象一定的情感需求，也能提供部分经济支持。因此福利院个别和亲属来往频繁的五保对象，往往会成为他人艳羡的对象。可见，五保对象期待有更多的亲属探望和支持。

福利院有几个五保户要好些，他们家人（亲属）多，常来。拨（给）点钱他们，几十啊一百……我们没得……比如李婆婆家，（兄弟、侄子女啊）轮流来，买点鸡蛋、肉、点心、茶叶嘛，她的日子过得！不过她这样的蛮少……（个案A06：龚老师）

个别五保对象和为数不多的亲属关系欠佳，更缺少亲情的慰藉。访谈中发现，个别五保对象和兄弟姐妹关系不佳，多年并不来往。因此他们基本丧失了我们传统文化中最重视的骨肉亲情。

> 我只有一个哥哥，我们是仇人，多年了。我嫂嫂凶得很，我三十几年，没有管她要过钱，她还不足。无所谓我们弟兄，我一个人单独生活几十年，习惯了，他们都没来过。……我哥哥占了我的自留地盖房子。我的房子没有外门，进去要经过他的屋子，结果有天晚上他把门锁了，我就翻窗子，原来我放在那里有把椅子，嫂子把椅子搬走了，我以为还在那里，就跳下去，腿摔折了。（个案A01：吴爹爹）

> 我以前还有个侄儿子，很聪明，和我一起做生意，后来家里出了点事，侄儿子也死了，那么聪明的娃死了，我不想做生意了，就来福利院。我每天都回村里，但是不去兄弟那里，我回去打牌，耍。我就当没有兄弟，已经8年了，习惯了。（个案A14：刘老头）

造成五保对象亲情缺失的原因较多，除亲属数量较少的客观现实之外，也与社会发展、五保对象个体原因等有关。一方面手足之情受到市场化、城市化和发展主义对于传统家庭伦理的冲击，每个人都有自己的生活压力，彼此之间的交往和互助并不多，关系尚可的兄弟之间也不过是逢年过节见一面，很难提供亲情的日常支持，平常"各家忙各家的事"，彼此对于对方的情感和照顾也没有过多的交往期待；另一方面，的确有些五保对象和手足之间的关系破裂，甚至老死不相往来，当然更谈不上情感上的交往了。如果说对于多数人精神慰藉中最重要的来自配偶和子女支持的情感需求在五保对象群体中是不可弥补的缺失的话，五保对象和其他亲人，尤其是手足间的关系不睦则需要改善。

第二，五保对象与村干部的交往少，关系差

由于长期以来村干部直接负责本村的五保工作，所以客观上讲村干部应该和五保对象的交往频率较高。但是调查显示，五保对象通常与村干部交往频率并不高，多数维持疏离的关系，甚至个别五保对象和村干部之间有过冲突。

第五章　农村五保对象的非经济需求及其保障 | 135

村干部看望五保对象频率很低。2006年新《农村五保供养工作条例》实施前，村干部会在固定时间给居家供养的五保对象发放五保供养金或粮油米面，还可以此作为建立良好关系的契机。现在五保供养金的发放在四川省成都市温江区是直接划进五保对象的银行账户，在湖北省宜昌地区则是由福利院负责发送，所以村干部对五保对象的工作关系就剩下春节时的礼节性问候，平常的交往很少。因此五保对象和村干部之间的关系一般比较疏远。而且这种疏远的人际关系并没有因为五保对象供养方式的选择不同而有差异，居家供养的五保对象不会因为和村干部居住在同一个村庄而有更多的交往和更好的评价，福利院的五保对象也没有因为和村干部空间距离上的疏远影响对他们的评价，整体上讲五保对象对村干部的评价都不高。

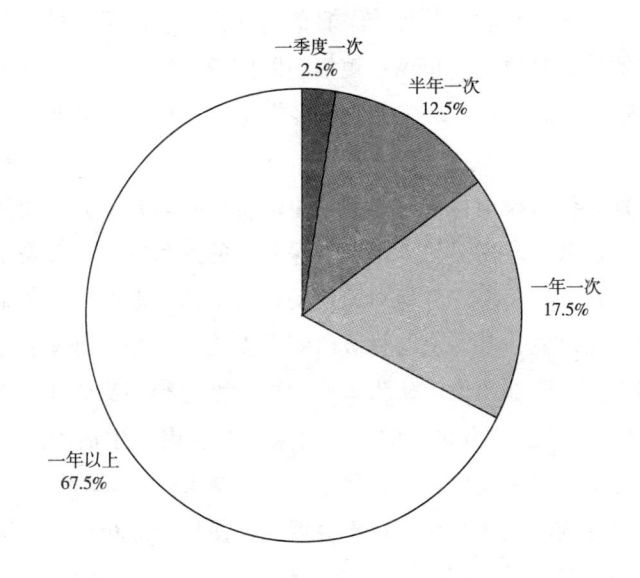

一季度一次 2.5%
半年一次 12.5%
一年一次 17.5%
一年以上 67.5%

图5-1　村干部看望五保对象频率

从图5-1可以看出，村干部对集中供养五保对象的看望频率较低，67.5%的村干部一年以上都没有看望过五保对象。在访谈中也发现，部分五保对象从进入福利院就再也没有见过村干部，这样的例子并不罕见。

> 村干部？在屋村里他都不管我，现在更不管。村干部就是先锋村好，过年烟啊酒啊……其他村都不管你事，你死活他都不管。（个案B03：夏爹爹）
>
> 队里的干部没有来看过我，各队不一样，我们那队长心有点黑，只想往自己包包里揽钱。（个案A09：李婆婆）
>
> 我进福利院八年了，他们村干部就没有来看过我。（个案A03：郭爷爷）

多数五保对象常年没有见过本村村干部，更不要说得到来自村组织的照顾和支持。他们的交往频率很低，而且基本是单向交往，部分村干部偶尔在春节等传统节日的时候去拜访一下本村分散和集中供养的五保对象。四川WC镇福利院院长介绍说入住的五保对象"有的大队干部会来看，很少，最多占1/3，买点礼物或者给几十元钱。"

个别五保对象与村干部之间产生的工作互动并不会改变他们对村干部评价低的事实。村干部和五保对象的人际关系一般是正式关系，是一种工作关系。五保对象主动找村干部的很少，尤其是集中供养的五保对象，基本上与村级组织毫无关系，有任何需求也不会主动回去找村干部，他们认为即使找村干部也得不到帮助，"现在不归他们管了"。分散供养的五保对象有时会因为生活困难寻求村级组织支持，产生较少互动，但是互动的结果并不会增强村干部和五保对象直接的人际交往，也不会因此促使村干部获得良好口碑。

> 去年春节的时候她（同为五保对象的妻子）听说别的村给五保户分米啊、面啊、油啊，她去向村干部要，他们没办法就给了。我不去，他们就不给我，自己分了。……这屋子能看到外面的天，他们也不给我修，一片瓦也没给我。一年到头没

得哪个干部来。(个案A11：杨爹爹)

干部就是每年节气会过来，春节送点肉粮什么的，和低保户一样。重阳节大队上办个招待，别的没有。政策上说保吃保住，房子不好还给修房子，我哪里找房子？房子占了，土地不给了，一分钱不给我。我找过书记，一找他们就让我进福利院吃五保。(个案A05：付爹爹)

五保对象对村干部的评价不高，有的五保对象从有限的五保供养资金中拿出部分给村干部"送礼""请客"，以便获得入住福利院的机会或者得到较好的照顾机会。所以有些五保对象认为本村村干部不负责，"黑心"。例如1991年加入五保的夏爹爹（个案B03），2004年入住福利院。分散供养期间，为了拿到五保供养资金需要给村干部请客送礼，后来要进福利院同样要请客送礼才行。

在村里当五保户，拿不到钱，要给他们（村主任、书记）进贡才能拿到钱。就是村里不给东西五保户，五保户还得给东西他们村干部……我来福利院前还请他们三四次，要请客，还得给村里送礼啊。(个案B03：夏爹爹)

村干部为了推卸或减少一定的照顾责任会引发五保对象和村干部关系不佳，而五保对象的个人财产和土地处置问题可能直接导致他们的关系恶化。关于财产处置问题，部分五保对象被逼或者被骗放弃了原有的财产。有的五保对象因为不识字，不了解政策，村干部说进福利院就要放弃土地和房屋，他们就摁手印放弃了，等到福利院从其他五保对象那里了解到有不同处置方式的时候，村干部对于五保对象提出的补偿要求常常置之不理。1994年旧《农村五保供养工作条例条例》规定五保对象的财产归集体所有，但2006年颁布的新《农村五保供养工作条例》没有对五保对象的财产处理做出明确规定。有的村干部按照村集体财产处置五保对象的财产，例如因城市扩建土地将被征用后的补偿金归集体所有，这势必会引发五保对象对村干部的不满。有的五保对象虽然守住了自己的财产，但是和村干部的关系恶化。

（村干部）他们把我哄上车，说来看看福利院是什么情况，只是去看看，但是我来了以后住了三天他们也不让我回去，他们走了，说是回去帮我把房子和地卖了，让我就在这里安心住下来，他们会把卖房子和田地的钱给我送过来的，他们走之后就没有回来，我知道他们是骗我的，他们就想把我送到这儿（福利院）来，就不会麻烦他们了。（个案A03：郭爷爷）

整体上看，五保对象与村干部关系不佳，维持着疏远甚至冲突的关系，因此五保对象能够从村干部那里获得的资源和支持有限，基本只有部分"保葬"内容。福利院一般在老人过世之后会通知村庄，由福利院、村干部和老人的其他亲属协商发葬，如果是无人过问的老人则由福利院处理后事。

第三，五保对象与邻居或其他五保对象交往有限

人际交往是获取信息、交流感情、增进友谊、丰富生活的一个重要途径。虽然人际交往不一定能够增加获得物质支持或者提供生活照顾的机会，但是对于社会成员精神需求满足有一定影响。通常情况下，个体主动与其他社会成员交往，增加互动，建立良好的人际关系更容易获得精神上的满足。

影响五保对象与邻里或其他五保对象人际交往有多种因素。五保对象的身体健康状况会影响他们与他人交往的频率和深度。一般身体健康状况较好、生活自理能力较高的五保对象社交范围更大，社交人数更多，频率更高。例如王爹爹（个案A10）因为身体状况好，能够骑电动车在福利院和原居住地之间自由来往，所以他的朋友数量较多，活动范围也比较大。而身体状况不好，甚至走路困难的五保对象只能坐在自家门口，不能和邻里或朋友外出。另外，部分五保对象的听力受损、表达能力不足等逐渐衰老的生理状况也会使得他们的人际交往范围从大到小。例如李婆婆（个案A09）没有摔伤之前自己做生意，认识不少朋友，但是摔伤之后，行动不便，而且自己听力下降，就不再出门，多数情况下是和福利院的其他五保对象一起打牌度日。

五保对象的性格也会影响他们的人际交往。部分五保对象由于长期被村民忽视，甚至歧视等原因，同时独居生活形成的孤僻性格，甚至由于没有成家或者没用子嗣等原因形成的自我贬低、自我边缘化、主动隔离等因素，五保对象很少主动与他人增强互动，他们的人际交往呈现出明显的被动性。只有个别五保对象会主动到邻居家坐坐。而且五保对象通常没有直系亲属，甚至有些老人一生都没有组建过家庭，长期自力更生、独自生活的习惯，一定程度上较少表达关爱他人和接受他人关爱。还有个别五保对象生活习惯不好，可能沾染了某些陋习，别人不愿与其交往。例如吴爹爹（个案A01）。据其他五保对象和福利院工作人员透露，吴爹爹年轻的时候就有小偷小摸的习惯，喜欢喝酒，酒后打人，所以一直找不到媳妇，后来流浪到城市，帮别人看手相、算命等，年纪大了，才回到农村加入五保，进了福利院还是经常偷东西，福利院的五保对象多不愿与其交往。

地方文化特色也会影响五保对象的人际交往状况。在四川，喝茶、摆龙门阵（聊天）和打牌是当地主要的休闲文化，即使是五保对象也是如此。有的分散供养五保对象会在村庄小卖铺等聚集地喝茶打牌，部分集中供养五保对象会在福利院一起打牌，甚至出行不便，周边其他配套措施缺乏的福利院门口因应"市场需求"建有一个茶楼，顾客基本是福利院有经济能力和身体较好的五保对象，甚至有的五保对象会跑到更远更繁华的镇上喝茶打牌。但是这一现象在湖北宜昌很少，集中供养的五保对象基本没有娱乐活动，交往范围更小，他们通常是和居住较近的五保对象聊天，分散供养的五保对象也是主要在自己门口和邻居进行聊天为主的活动。可见，湖北五保对象的人际交往范围比四川小。

五保对象与其他五保对象之间的关系值得关注。分散供养的五保对象与邻里之间还是有一定的交往，不过交往形式仅限于聊天或问候，更深层次的交往较少。集中供养的五保对象主要的交往范围是福利院的其他五保对象，他们之间交往的特点也限于聊天、打牌等活动形式，互助成分很少。以四川省 WC 镇福利院为例，在提及住房意愿时，访谈对象都表示与住单间相比，自己更倾向于两个人居住。"平常能够说说话，况且彼此年纪也大了，都没有亲人，可以互相照顾"，一些突发事件出现还能够及时处理，福利院的居住安排也是以此为据的，通常是两人标准间，而且为了倡导入住老人的互助互爱，往往安排一个高龄、生活自理能力稍弱的老人和一个低龄、自理能力强的老人同屋。但是五保对象之间的互动也仅限于聊天串门，至于端饭、打水、倒尿盆等实际行动上能够提供互助的并不多，五保对象对福利院工作人员存在较强的依赖，"我自己还不是吃五保的，谁来帮嘛，不是有政府嘛"。集中供养的五保对象由于吃住在一起，会频繁出现与同屋五保对象的小矛盾。分散供养的五保对象之间，相对较远的空间距离使他们日常交往很少，更谈不上互助。他们之间要么是互通有无的"同盟军"，争取过节的物资；要么是彼此相互的参照群体，羡慕对方身体健康、兄弟和睦、年轻时有积蓄等等。例如杨爹爹（个案A11）的妻子听说别的五保对象得到了过节物资就会去找村干部争取。

吕新萍（2004）调查研究指出，养老院老人的冲突通常是同住老人之间的纠纷，且是日常生活琐事。同样的，居住在一起的五保对象虽然是"同路人"，但是由于居住空间狭窄、生活习惯差异、个人性格孤僻等原因，彼此之间也常发生小矛盾，尤其同屋之间。谈及和同屋老人的相处时，多数老人都会指出对对方的不满。可见他们与同一个屋檐下的老人之间关系一般。

第五章　农村五保对象的非经济需求及其保障

同屋的是个瞎子，不爱干净。常常把烟灰弹了一地，以前我还收拾，现在我也不管了。他脾气不好，我不理他……以前那个同屋的人，现在死了，他也怕我，他想进来，我大声吼了他，他就退回去，在门口站着。（个案 A02：李爷爷）

同屋老人有时候夜里两三点还不睡，有点恼火……（个案 A06：龚老师）

原先那个同屋的……我的啥子东西都偷，你真要什么吃，你说……偷，主要手脚干净不要东偷西摸……后来闹了下，让他搬走了。（个案 A04：李爹爹）

五保对象和其他社会成员一样，成功倾向于内部归因，失败则倾向于外部归因。人际关系良好的人，觉得自己"不扯筋①"、"为人和善"，人际关系不好的老人则倾向于归结为他人性格古怪、自私等。

和我住一起的那个人脾气怪。他发脾气的时候我不说话，你住你的，我住我的，互相不理就是了。我这个人最不扯筋了。（个案 A04：李爹爹）

"合不来就不说话，不理睬"，虽然反映了五保对象之间理性的人际交往模式，也反映出他们对彼此之间的交往质量期望不高。个别五保对象因为对福利院其他五保对象交往评价和期待不高，还维持着与原居住地的人际关系。但是受活动能力的限制，能够维持入住福利院集中之前人际交往状态的只有个别人。在四川 WC 镇福利院 72 人中只有一两个具备这样的能力，例如王爹爹（个案 A10）生活自理能力较高，他每天在福利院吃三餐饭，饭后就骑着自行车回原居住地找朋友喝茶聊天。其他五保对象几乎所有活动都囿于福利院范

---

① "扯筋"大意是"胡搅蛮缠"的意思。

围之内。

由于福利院五保对象之间时有冲突，福利院以前规定是扣发肇事者下个月的部分零花钱。现在为了表示公平，减少纠纷，规定凡是发生口角的两个人每次各扣一元钱，这一规定出台后，老人之间的小纠纷比以前减少了，毕竟每个月仅30元的零花钱对于他们生活的维持更加重要。

整体上讲，分散供养的五保对象维持着原有的比较稳定和谐的人际关系，但福利院五保对象彼此间的人际交往并不乐观。他们没有亲密的亲属关系，和村干部的关系比较疏远，五保对象彼此之间的关怀与支持也很有限。因此，改善现有的人际关系对于提升五保对象的生活质量有一定的帮助。

二　五保对象休闲娱乐需求及其满足状况

对老年人的研究结果表明，由于多方面的原因，老年人经常会产生"精神疲乏感"，例如产生无用感和受排斥的感觉、内心空虚和厌烦感、孤独感和恐惧感等。从我国的现实来看，我国老年人精神需求方面的主要问题是活动场所缺乏、社区组织引导不到位以及老年人自身文化素质较差等因素导致老年人文化娱乐活动参与率低，闲暇生活单调，造成很多老年人有孤独感。由于条件的限制，老年人的精神文化生活较为单调和被动，看电视、打牌、打麻将成为闲暇生活的主要方式（周绍斌，2007）。对五保对象的研究也发现，他们主要的休闲娱乐方式就是聊天、打牌（麻将），或是自己坐在门口看来往的行人。

按照四川的地方传统，喝茶、打牌和摆龙门阵是居民最常见的休闲娱乐方式，也是当地的休闲文化特色，更是五保对象常见的消遣方式。这些消遣方式需要一定的花费，上茶楼需要茶资，打牌需要赌资，尽管金额很少但也往往成为他们日常生活支出中必不可少的一笔。村庄的小卖店和茶馆不仅是当地重要的信息集散地，也是主要的娱乐场所。因为没有家人需要照顾，没有土地需要耕种，分散供养的五保对象是茶馆牌桌上的"常客"。他们入住福利院意愿不高的原因之一是担心在福利院"没有人玩,没有地方玩,会'像坐牢一样'"(个案A05:付爹爹)。福利院的五保对象主要娱乐也是喝茶打牌。因应"市场"需求,福利院旁边是一个不大的茶楼,是五保对象主要的聚集和娱乐场所。有能力的五保对象通常早饭后到茶楼花一元钱叫杯茶,一上午的时间就在摆龙门阵中度过。有的老人由于经济条件差不能上茶楼喝茶,就自己买散装的茶叶,在福利院和其他老人摆龙门阵。即使最便宜的散装茶,大约每个月也要花费7元钱,需要从每个月30元零花钱中支出。五保对象打牌的赌资一般很小,一角、两角、五角或一元,一般几块钱就可以玩一天。尽管五保对象自己知道打牌不好,尤其年龄大,久坐会腰酸背疼,但是他们的自制力很弱。还有一个原因就是没有别的更适合他们的娱乐生活,如果不出去喝茶摆龙门阵或者打牌的话,他们只能在院子里晒太阳,"日子就不好过"。

> 没事就打点小麻将。我腿不好,坐久了就会肿,但是他们叫我我就打,我不得罪人的。就是打一角的。打好久也就是输赢一两块钱。有时候打麻将早饭后打到吃午饭,午饭后打到下午吃饭前。腰酸就不想打了,但是又没得什么事,后来就又玩一会。(个案A09:李婆婆)
>
> 没得钱喝茶就自己买茶叶,散的,如果自己没钱买茶叶就只能喝白开水,那可怜得很。没得茶喝,不打牌,日子就不好过。(个案A01:吴爹爹)

和多数养老机构一样,福利院有专门的活动室和阅览室,有电视、棋类和报纸杂志,但是对于农村五保对象来讲,受教育程度较低,读书看报超出了他们的文化能力,看电视也不是他们长期习惯的能够适应的消遣方式,因为他们在居家生活中基本都没有电视机,甚至有的五保对象家里连电都不通。在某种意义上,阅览室的书报杂志和院子里的健身器材一样是福利院的"硬件",是一种形式,也是专家基于老人有"求知需求"和"健身需求"的预设而提出的满足途径。"电视广播、书报杂志、文化体育设施等在老年人的日常生活中占据了很重要的位置"(孙鹃娟,2008),但是该结论并不适用于农村五保对象。他们只有"聊天"这样形式单一的休闲娱乐活动,四川 WC 镇部分五保对象娱乐消遣活动中重要内容是打牌,但湖北三所福利院中,喜欢打牌的五保对象很少,而且五保对象和工作人员都不认为该群体有娱乐需求。按照《老年人社会福利机构基本规范》,工作人员应每周根据老人身体健康情况、兴趣爱好、文化程度,开展一次有益于身心健康的文娱体育活动,但实际上工作人员认为"五保工作就是要保证他们吃好穿暖有地方住"。五保对象自身也没有觉得自己有发展其他娱乐项目的需求,下棋、唱歌、跳舞等休闲活动他们并不认同,"谁会搞呢,都打牌去了;打不动嘛就晒晒太阳啊",甚至我们从院子里生锈的健身器材上也可以看出五保对象很少突破自己传统的娱乐休闲方式。

三 五保对象的社会参与需求及其满足

在"社会参与"的相关研究中,提高弱势群体的社会参与性是一个比较受关注的议题,例如关于残疾人、女性、老年人等群体的社会参与理论和实证研究较多,其中老年人社会参与的相关研究可以为研究五保对象社会参与提供借鉴。

目前研究者关于老年人社会参与的内涵并没有达成共识,存在多种不同的观点:第一是"有偿劳动论",认为社会参与就是老年人继续参与生产劳动或者退休之后再从事的有报酬的工作;第二是"有偿劳动+无偿劳动论",认为包括有报酬的生产劳动和无报酬的劳动(主要是家务劳动)两种;第三种是"有偿劳动+无偿劳动-家务劳动",是指老年人参与的各种社会活动,但不包括家务劳动;第四种是"参与社会活动-娱乐活动",认为社会参与就是参与社会,包括各种政治经济社会活动以及家务劳动,但是不包括娱乐活动（李宗华，2009）。本书的"社会参与"是指有报酬的生产劳动以及无报酬的劳动两种。有偿劳动具体是指分散供养五保对象的田间劳动、家禽家畜饲养等有报酬的活动，集中供养五保对象在福利院参与的各项有偿劳动，如福利院组织的农业生产、他人等照顾；无偿劳动是指五保对象的家务劳动，例如扫地、洗碗、洗衣服等家务劳动，分散供养五保对象还包括自己做饭等家务。

五保对象的社会参与需求具有如下特点。

第一，集中供养的五保对象参与有偿劳动的积极性不高。老年人社会参与的影响因素包括性别、城乡、年龄、婚姻、收入、受教育程度等方面。从访谈资料可以看出，五保对象社会参与的主要影响因素是经济状况和身体健康状况，因为多数五保对象年纪较大，身体不好，所以他们除非不得已的情况下才会去承担一些有偿劳动，尤其是福利院的五保对象。福利院的有偿劳动主要有两大类，第一是生产劳动，包括田里拔草、种植和饲养动物等；第二是服务性劳动，例如帮助福利院做卫生、为其他五保老人提供照顾服务等。福利院会按照劳动强度、时间等付给一定报酬。只有部分自身收入来源较少只有五保供养资金或开销较大的五保对象才会参与，例如吴爹爹（个案A01），由于和家人关系不好，也没有任何积蓄，每个月只有福利院提供的零花钱，难以维持自己购买必需品和喝茶、打牌等娱乐支出，所以他会参与福利院的一些有偿劳动，例如到田里拔草、照顾住院的五保对象、为自理能力不足的五保对象送水打饭等；夏爹爹（个案B03）为福利院放牛，可以换来一天五角钱的收入。

在中国农村的传统中，通常是"活到老，干到老"，所以基本没有固定的"退休"年龄。根据王德文、张恺悌（2005）的研究，农村年满60岁以上的老年人劳动参与率为43.2%，其中男性为54.9%、女性为32.0%，即使是65岁及以上老年人口的劳动参与率仍然为32.9%，占农村该年龄段老年人口数量的1/3。农村分散供养的五保对象因为生活所迫，不得不参与劳动，属于还没有

"退休"的老年人或者是"再就业"的老年人，主要从事种田、种菜、砍柴、喂猪、开小卖铺等。访谈中只有一个分散供养五保对象（个案B02）单纯依靠五保资金供养自己生活，房屋和土地已经上交给集体进入福利院，但是不喜欢福利院的强制性劳动而离开福利院，寄居在其他村民不用的房子，生活很拮据，其他的五保对象或多或少都还在从事劳动生产。最有积极性的是杨爹爹（个案A11），他除了自己种菜、砍柴之外，还积极饲养动物贴补家用，喂鸡亏损之后开始喂猪，花了1120元养了4头猪。虽然是为了生计，但是可以看出杨爹爹对生活的一些希冀。

第二，五保对象家务劳动的参与存在性别和年龄差异。家务劳动是家庭生活中长期的复杂的服务性活动，例如操持衣食杂物、购买生活必需品、打扫卫生等，是必不可少的活动。分散供养的五保对象基本上所有家务劳动都需要自己参与，集中供养的五保对象会有工作人员的照顾与协助。集中供养的五保对象通常洗衣、做饭、院内卫生等"家务"不用五保对象自己动手，不过福利院一般提倡有能力的五保对象积极参与，这部分劳动是无偿的，也包括帮助厨房的炊事员择菜、洗菜等。有能力的五保对象更愿意自己动手洗衣服、维持房间卫生等，觉得"随身的衣服自己洗，也不费事"。但是也有的五保对象过于关注自我，觉得自己进入福利院是来"享福"的，应该什么也不做；还有的五保对象生活态度消极，不愿做事，甚至不愿工作人员帮助自己处理"家务"。他们的生活和工作积极性较低。认为自己现在的生存不过是"混吃等死"，很难激发起他们积极有活力的生活热情。

分散供养的五保对象基本要参与所有的无偿家务劳动，有家庭的分散供养五保对象通常比独居的五保对象更愿意参加家务劳动。例如杨爹爹（个案A11）会主动承担烧火做饭、买米买油等家务，妻子承担洗衣、做卫生等家务，但是独居的付爹爹（个案A05）、杨久富（个案B02）做饭相对不规律，衣服也显得不够干净。

五保对象普遍与外界的接触机会并不多，居家供养的五保对象有较高的自理能力，所以基本能够和原来一样外出购物等；但是福利院的五保对象多因高龄或残疾而行动受限，很少外出，甚至整年就在福利院里足不出户。

> 一般不出去，烟啊茶叶啊就在旁边买嘛，别人，工作人员要出去嘛，帮忙带……（个案 A03：郭爷爷）

按照凯文1953年提出的社会活动理论，年老之后，随着社会活动的减少和交往半径的减小，之前个人所承担的多重社会角色逐渐剥离，从而使老年人产生了失落感，并导致老年人缺乏自我认同。同样，五保对象的社会活动参与较少，相对隔离退缩，尤其是福利院的五保对象。受社会观念内化形塑的影响，通常认为入住的五保对象都是老弱病残，没有劳动能力，是依赖性人口，是社会财富的耗费者等，这种观念不仅影响实际工作者和社会公众，也会影响五保对象本身，他们自觉不自觉地将自己隔离起来，逐渐淡出人们的视线，成为真正的边缘群体。

五保对象参与社会劳动，一方面可以锻炼身体保持健康，减缓衰老，另一方面可以增加收入，改善生活，提高生活质量，同时还可以在社会参与中获得尊严，感受生命的价值和意义。但是现实情况是五保对象的社会参与度并不太高，影响因素很多，除了他们自身的因素之外，社会因素也有一定的作用。例如社会公众的刻板印象，认为五保对象是应该被关心、被照顾的群体，要关注他们的健康水平和生理需求的满足而忽视了他们的主观能动性。有些工作人员认识狭窄，将社会参与等同于就业或者劳动，认为倡导五保对象参与社会就是推卸自己的责任，因此在倡导五保对象提高社会参与积极性的时候瞻前顾后。还有的五保对象在社会参与中不能感受到尊严，反而更加自我贬低，觉得是自己没有兄弟姐妹的经济支持，没有早期积蓄，所以才需要比别人更多参与来换取一定的经济收入。因此要对症下药，淡化社会参与的经济意义，更加强调五保对象的健康、尊严、发挥余热等社会意义来提高他们的社会参与积极性。

四 五保对象精神需求的一般特征

从上述五保对象的精神需求及其满足现状可以看出，他们的精神需求有三个主要特征。一是表达不足，即需求压缩逐渐变为不自知。长期被忽略的精神照顾的需求，使得五保对象的精神处于一种麻木或"习惯"的状态。他们很少明确表示自己精神需求是什么，甚至觉得自己作为五保对象，政府已经保证了自己的生活来源，提供了必要的日常照顾，再提出休闲娱乐等精神照顾有些不知足，所以在问及他们还有哪些需要的时候尤其是精神层面需求的时候，他们表达的是对政府的感谢，认为政府已经为自己解决了衣食住行等方面的困扰，不该再有任何要求。二是专家界定的需求与五保对象的真正需求之间存在差距。虽然五保对象并没有明确表述自己的需求，但是专家界定的老年人的精神需求并不一定就是他们的真正需求，例如"求知需求""自我实现的需求"等。专家认为老年人应该注意锻炼身体，但是福利院的健身器材生锈蒙灰，多数五保对象最喜欢的是喝茶聊天打麻将；专家认为应该"老有所学"，几乎每个福利院都有阅览室，订阅十几种杂志，但是他们因为不识字或者不习惯读书看报而很少进阅览室，以致阅览室成为上级检查和汇报工作时候的"硬件"。三是五保对象的精神需求存在一定的矛盾。五保对象的需求有时会呈现一定的矛盾，例如随着市场经济和社会发展，他们接受了亲属外出打工或者忙于生计无暇探望自己的事实，但是又羡慕亲戚往来频繁的五保对象；他们保留着我国传统文化中勤劳、遏制欲望、自给自足等性格，但是又认为政府应该提供更多更好的公共福利措施；他们一方面觉得要自力更生，不要"给集体增加负担"，另一方面又认为自己是五保户，年轻的时候为国家作出了贡献，国家理当负责自己的生活，等等。就是在不断的矛盾中，五保对象寻求着一种平衡，也使得五保对象的需求呈现多样性。

总之，社会保障虽然常常是以经济保障体现的，但是经济或者说金钱并不完全等于社会保障。如果社区服务、社会管理不配套，服务传递渠道不顺畅，势必会使五保对象从五保供养金中挤出部分生活费来满足自己的精神需求，同时精神需求的满足也不能从经济制度上得到保障。从物质保障逐渐走向对保障主体的精神保障，是社会保障的发展趋势。从供养方式上看，作为当前不少省市政府主推的福利院集中供养模式，没有显示出更加能够满足五保对象精神需求的优势，因此要真正做到《农村五保供养工作条例中》的供养方式自主性，福利院应了解院内五保对象和辖区内分散五保对象的真正精神需求，科学指导他们的闲暇生活，倡导积极的生活态度，改善不良人际关系；尤其是要举办适合五保对象的各种活动，逐渐发现和培养更有利于老年人身心健康的休闲娱乐方式，减少打牌打麻将时间，可以成立"提醒小组"，适量运动，缓解久坐的不适，加强与社区其他资源的联结，为五保对象参与社区提供机会，并提高他们的参与积极性，真正实现"老有所为"。

通过对五保对象的访谈可以看出，五保对象对与自己交往频率较高的人际群体评价不高，平时的休闲娱乐较少，他们对社会事务的关注和参与不够积极。从整体上看五保对象缺失的不仅仅是子女、配偶等为主体的亲情，同时由于集中在养老机构，与其他社会群体的空间距离和相对被排斥的社会地位等原因，他们的人际交往范围较小，鲜有社会参与的机会，在休闲娱乐方面的需求与"专家"建构也存在一定分歧。

第三节　五保户的自主性需求及其满足状况

一　五保对象选择供养模式的影响因素

通过对五保对象的资料收集，发现五保对象的身体状况、生活自理能力、对信息的掌握程度、村干部的干预等都会影响他们供养方式的选择。

第一，对自身身体健康状况的自评是五保对象从家庭供养走向福利院照顾的主要影响因素。在调查中，无论是分散供养的五保对象还是已经选择福利院照顾的五保对象，在谈及入住福利院与否的原因时，首先考虑的都是自己的健康状况。不过这一健康状况并不是医院的客观体检指标，也不是学术上所区分的低中高龄老年人的生理年龄临界值①，而是五保对象对身体健康程度的自评。

目前选择居家供养的五保对象，除了每年政府提供的经济补贴之外，与其他村民并无区别，自己解决衣食住行等基本生活问题。他们或者是出于对福利院的信息掌握较少，或者是出于不愿成为依赖人口等各种原因，选择依然生活在自己居住多年的村庄，一如既往地开展田间劳动、饮食起居、邻里互动等，但他们也坦言自己将来一定会改为集中供养方式入住福利院，不过不是现在，是在他们身体状况欠佳、不能照顾自己的时候不得已而为之的下策。正如付爹爹（个案A05）所讲：

> 以前他们（村委会工作人员）喊我去镇上的福利院，我不去，我有手有脚自己开个小铺很自在，每天自己做点吃的，想什么时候起床就什么时候起床，想吃什么就做什么……但是这两年我也想了，身体不好了，有时候懒得自己做饭……要是在福利院就不用自己做事。

同为居家供养的杨爹爹（个案A11）也这么说。

> 等以后身体不好就进福利院了，我和老婆现在（身体

---

① 按照国际标准，一般60~69周岁的老人为低龄老人，70~79周岁的老人为中龄老人，80周岁及以上年龄的老人为高龄老人。

还好，过几年再去。他们（村干部）喊我去，我不去。好好的人，进福利院也会生病，我们村的某某某就是进去两个月就死了，我们现在不去。

根据自己身体状况选择供养所是五保对象认同的观念。例如刘婆婆（个案 A08），她和丈夫加入五保户二十多年，经历了五保供养政策的历史变迁，从 20 世纪 80 年代村委会单纯的粮食供给甚至自己到各家各户收口粮直到近年的单纯货币补贴，她一直选择的是分散供养，甚至在丈夫去世后一个人生活了十五年。但是 2007 年 9 月，刘婆婆考虑再三决定入住福利院，主要原因是自己的健康状况越来越差。

以前身体好嘛，就在家啊，自己种田自己做自己吃，后来腰疼、贫血、牙疼……我一身都是病，住院也没人照顾。这里生病住院有人照顾，出院后自己不能去食堂吃饭，有人把饭送到屋里……

可见，是否选择集中供养方式接受福利院照顾和五保对象的身体健康状况有很直接的关系，从入住福利院的五保对象的年龄可以看出，他们多是 70 岁以上，而且通常不是享受五保初期就选择集中供养，首选的是分散供养方式；通常是几年甚至十几二十年，自己的身体健康状况下降，生活不便的时候才入住福利院。不过这并不能说明五保对象在供养方式选择上仅仅根据个体的健康自评因素，同时也受到其他因素的影响。

第二，生活自理能力的欠缺是五保对象从家庭走向福利院照顾的第二大影响因素。身体状况是和生活自理能力紧密联系在一起的，但是两者并不是正比关系。有的五保对象身体健康状况良好，但是由于缺乏较好的生活自理能力，当家庭照顾者不能提供照顾服务时，他们不得不选择福利院照顾。尤其是一些男性、年长的五保对象。

最常用的生活自理能力量表主要包括洗澡、穿衣、室内活动、上厕所、大小便控制能力、吃饭等六项，此外还有学者认为做饭、理财、乘车、购物等应用社会设施的内容也属于自理能力的一个范畴。有些五保对象选择院舍供养并不是因为身体不好，部分或完全丧失生活自理能力，而是由于不具备做饭、洗衣等生活技能。尤其是对于单身男性而言，因为文化的影响，在长期的家庭生活中自己一直处于被照顾者的角色，由妻子或者其他亲属为自己提供衣食料理，一旦失去照顾者的帮助，通常他们会很快选择院舍集中供养。

在四川 WC 镇福利院的 65 名五保对象中，有 56 名都是男性，有婚史的男性五保对象通常是在妻子去世后很快选择入住福利院。但是女性进入福利院的主要原因通常不是配偶的去世，而是在配偶去世之后经过一段时间的独处，身体条件和自理能力下降到不能独居的情况下作出的决定。这个决定时间通常比男性长好几年。可以说，对于男性五保对象而言入住福利院原因之一是生活技能不足，对于女性而言则是生活自理能力降低。担任 WC 镇福利院医生一职的龚老师（个案 A06）就是这样。妻子在世时，两人选择的是居家分散供养方式，但是 2003 年妻子去世半年后龚老师就住进了福利院。但是同样丧偶的刘婆婆配偶去世后 15 年一直自己居住。

> 什么都要自己做，做饭、洗衣服，还要砍柴、做卫生、到地里干活，而我又做不好，后来他们让我到福利院，我就来了。最起码到吃饭的时候有饭吃，衣服也有人帮忙洗嘛……（个案 A06：龚老师）

因此做饭等生活自理能力的降低和不足也成为部分五保对象在失去照顾者的庇护之后选择入住福利院的一个重要影响因素。

第三，村委会干部的劝导甚至"欺骗"是个别五保对象接受福利院照顾的无奈选择。五保对象在供养方式选择上通常会受到村干部的影响。最常见的做法是村干部找五保对象谈话，希望五保对象入住福利院，也有的是怂恿甚至哄骗五保对象到福利院生活。个别五保对象反映自己是在不知情的情况下，被村委会干部"骗"上车，拉到福利院来的。有的村干部告诉他们"你先看看福利院的环境，适应一下，不行我们再来接你"，但是村干部一走就经年累月地难见一面，慢慢地五保对象也适应了福利院的生活，最主要的是原居住地的房屋、土地等已经归村集体所有，甚至被村集体出售，已经无家可归、无地可种，逐渐接受了福利院供养的事实。这样的情形多发生在2006年新的《农村五保供养工作条例》颁布实施之前，部分省市和地区以追求五保对象的低分散高集中供养率、追求福利院的高入住率等为工作考核标准。五保对象的分散供养对于所属的村委会工作人员而言要承担较重的工作压力。随着农村生产方式的多元化，相当多的青壮年农民常年外出打工、经商，留守的多是老年人、妇女、儿童，留守人员本身的生活都需要别人照顾，因此五保对象特别是生活自理能力较低的五保对象的日常照顾工作很难落实。部分生活不能自理的高龄老人或残疾五保对象，必须要请人护理，但是由于经费、人手的限制，村干部力不从心。他们有时候可能会采用比较偏激的手法，例如哄骗或者强迫五保对象入住福利院，接受福利院照顾。身患残疾行动不便的郭爷爷（个案A03）八年前进入福利院的过程是其中比较典型的一个案例。

> （村干部）他们把我哄上车，说来看看福利院是什么情况，只是去看看，但是我来了以后住了三天他们也不让我回去，他们就走了，说是回去帮我把房子和地卖了，让我就在这里安心住下来，他们会把卖房子和田地的钱给我送过来的，他们走之后就没有回来，我知道他们是骗我的，他们就想把我送到这儿（福利院）来，就不会麻烦他们了。八年他们就没有来看过我……这里好多人都是被骗来的……（个案A03）

总体上讲五保对象选择福利院照顾的意愿不强，这和中国长期文化传统、对生活社区的归属感、不满福利院的规范化管理等有直接关系。原居住地的共享文化、互动群体以及情感依赖都是他们选择福利院照顾的阻力，同时福利院的规律生活与管理制度，例如定点吃饭、外出请假制度等生活自主性的缺乏也加强了他们将分散供养作为首选的意愿。但是当五保对象的身体欠佳，自理能力不足等情况出现时这些阻碍因素就逐渐变弱。因此，五保对象在从家庭走向福利院供养方式的选择中，主要是家庭、村干部和自身的推力而不是福利院本身的拉力，福利院照顾对分散供养的五保对象吸引力有限，常常是他们在不得已情况下的无奈选择。

二　五保对象入住福利院的决定过程

参照中国台湾学者吕宝静（2001）对老人接受福利院照顾的心理发展历程，五保对象入住福利院的决定过程可以细分为三个阶段：第一是需求萌生期，第二是需求的增长或者消退期，第三是决定期。

需求的萌生并不总是因为服务使用者自身觉知的，也就是说五保对象不一定是最早萌生需要福利院照顾的想法的人。其需求萌生可能有以下几种情形。第一，正如许多福利院照顾的实证研究均指出，身体健康程度是影响服务使用的最重要因素。在决定是否入住福利院以及何时入住福利院时，有的五保对象会因为身体健康状况受损或者自理能力不足而萌发福利院照顾的需求；第二，五保对象的照顾者，主要是村干部以及邻居亲友等人。因为五保对象的身体健康水平下降，在家无人照顾，难以适应居家生活，他们比五保对象较早产生使用机构服务的需求感，这种需求感进一步创造了五保对象的需求。他们会主动告知五保对象应该进入福利院接受照顾，进而促发了五保对象并不自知的需求萌生。第三，照顾者为了免却照顾的责任，不断建构和强化五保对象接受福利院照顾的需求，例如 WC 镇某乡的妇女主任每次见到分散供养的付爹爹（个案 A05）都会建议他入住福利院，称赞福利院生活设施齐全、照顾周到等，并且认为"这次问他他不去,下次问还不去,下下次再问……他的年纪嘛越来越大,总有一天会答应去的";第四,五保对象为了免却照顾者的麻烦,萌生入住福利院的需求。他们认为进了福利院,"村干部就省心了,而且兄弟姐妹也放心,各家有各家的事,哪个能天天来看你"(个案 A09:李婆婆)。

有了需求的觉知并不等于一定萌生入住福利院的意愿,五保对象会产生了解福利院相关信息的需求。关于福利院信息的提供渠道主要是两种,一是村干部的宣传,二是其他村民的认知。这两种讯息往往有些不一致。他人如何描述福利院信息会影响五保对象的需求程度。村干部更多的是强调福利院的正面信息,不仅传递对服务的正面评价,例如"生活很方便""人多很热闹"等,而且也隐含或者明确说出这些服务是"为你好"的用语,具有说服或暗示五保对象之意。而村间流传的非正式信息渠道则会包含福利院照顾的负面信息,例如"死亡之后就用布一裹埋到公墓""好好的人进福利院也会生病"等。当两种信息冲突的时候就需要五保对象的鉴别能力,这也会直接影响五保对象入住福利院需求的增强或者消退。

在服务需求萌生阶段,村干部或亲属等照顾者所扮演的角色大致可归纳为两类:①五保对象需求的觉知者和创造者。有些五保对象或许没有意识到自己有被照顾需求,然而随着照顾者的觉知,促使其产生需求感;②服务信息的提供者。照顾者在介绍福利院设施管理等方面,往往会借助服务项目的提供说服五保对象,另外,照顾者推卸照顾责任的需求也可能驱使五保对象使用服务。

服务需求萌生之后并不是线性的增强趋势,而是有一段时间的波动,在需求波动期,五保对象对福利院服务的需求可能增强,但也可能会减弱。

五保对象的需求感萌生之后,通常会主动向亲朋好友、村干部等人获得关于福利院服务的信息,有条件的话可能会参观福利院。实际上真正参观的五保对象很少,他们基本没有途径获得关于福利院的第一手资料，原因有二：一是福利院通常在镇上，离五保对象所在的乡村较远，福利院工作人员也很少开展针对分散供养的五保对象的咨询服务；二是缺乏陪同五保对象咨询的人，有服务需求的五保对象通常身体欠佳、外出不便，如果没有他人陪同很难探访福利院。五保对象主动获取信息的心理和行为可以看做是有助于增强五保对象选择福利院集中供养的需求助长因素，但可惜的是这些助长因素目前尚未引起村乡镇和福利院工作人员的重视。除助长因素之外，也有些因素会成为阻碍五保对象需求的因素，例如传统文化、心理冲突等。福利院建立初期的功能主要是为丧失生活自理能力的五保对象提供集中供养的场所，所以很多人，包括五保对象和部分村民，通常认为只有五保对象不能劳动需要他人照顾的时候，才应该选择福利院，而进入福利院就意味着"混吃等死"的最后状态，还有的五保对象认为集中供养方式的选择意味着他们要抛弃原有的家园、土地、房屋甚至原有的社会关系，有的五保对象不愿认老服老，不愿靠别人过活等。

在五保对象对福利院照顾服务需求波动时期，村干部为主的重要他人提供信息的角色很重要，因为他们通常更年轻、受教育程度更高，多是党员干部，能够更多、更准确地了解关于福利院信息，更容易左右五保对象的需求程度。

在入住福利院的需求萌生和实际入住福利院前的一段时间，五保对象可能通过对福利院的走访、认识而增强他们入住福利院、接受集中供养的需求，但是也可能因为他人或者自身的想法而减弱这一需求。让五保对象有机会去参观福利院，接触福利院的工作人员、其他老人，了解福利院的日常运作和开展的活动等，可以促使他们对福利院有深刻的了解和接纳。如果要促进五保对象对福利院服务的接受，仅仅是让他们知道在自己所在的乡镇存在福利院是不够的，最好还能够增进五保对象对福利院服务内容的充分认识。

五保对象在供养方式的选择上应当具备自主权，但实际上五保对象的决定离不开他人的参与，甚至有少数五保对象是由村干部代替自己作出最后的决定。

有的五保对象自己打听福利院的相关情况，自己作出入住与否的决定，不理会村干部的态度。例如杨爹爹（个案A11）坚决拒绝村干部的劝导。还有的五保对象征求村干部意见后自己作决定或者在村干部的"灌输下"决定加入与否，抱着半信半疑的态度入住。也有个别五保对象是完全被强迫或者被欺骗入住福利院的（例如郭爷爷是被村干部哄骗"就到福利院看看"，但是村干部把他放到福利院就没有出现过；王爷爷不识字，村干部让他摁手印他就摁了，不知道那意味着自己愿意接受福利院集中供养，放弃了房屋和土地）。不过值得回味的是福利院并没有出现"强制"入住的五保对象离开的现象，一方面反映了五保对象难以摆脱这样的供养安排，例如已经放弃了土地和房屋等财产，离开福利院可能意味着无家可归，另一方面也说明福利院的措施无意中契合了五保对象并不自知的基本需求，例如饮食照顾、洗衣服务、医疗保健等，也许这些需求五保对象本身最早并没有发现。从这个角度说明福利院的工作是有成效的，能够获得五保对象的认同。

虽然五保对象由于没有配偶或者配偶去世等原因，在决定是否接受机构服务的时候通常是一个人，五保对象失去了家人这一最重要他人的意见，但是笔者发现五保对象在机构服务的决定过程中，依然有他人的参与，其中村干部是一股较强的影响力量，甚至在这一过程中起到举足轻重的作用。总结村干部在五保对象选择供养方式的过程中扮演的角色除了需求的创造者、强化者和服务信息的提供者之外，还有扮演"代理人"角色。村干部的替代照顾需求而不是五保对象本人的需求，强化甚至强迫五保对象接受机构服务。有一部分五保对象因为身体的原因，例如失能、缺乏经济资源或信息资源等原因，他人代理是很普遍的做法。这部分可以看做授权村干部代理自己的事务，自愿入住福利院。但是也有小部分在供养方式选择上"被代理"。

三　从家庭供养到机构供养的思考

综上所述，五保对象在从家庭走向福利院的过程中，并不能真正发挥他们的自主性。针对当前五保对象管理与服务的责任主体模糊的现状，建议将所有五保对象纳入当地福利院的工作范畴，将居家五保对象作为福利院的潜在院民和外展工作服务对象，尊重五保对象的自主自决，针对不同的供养方式提供不同形式和重点的服务内容。例如对于居家五保对象提供送餐服务、电话问安、例行体检、生活自理能力培训等。同时做好福利院的宣传工作，通过发放传单宣传册、乡镇村巡回图片展、村干部教育方案、福利院一日游等活动，减少潜在服务对象对福利院和相关国家政策的误解；对于集中供养五保对象除统一的服务管理之外，尊重他们的个别化需求。

另外，福利院要做好社会倡导工作。分散供养的五保对象和一些村民常常对福利院有一定的误解，例如认为福利院没有自由，进福利院之后容易生病，入住福利院就是"依赖"政府，福利院是没有生活自理能力的人的最终选择等。所以福利院除了倡导社会各界对五保对象更多关注之外，还要做五保对象自身的倡导工作。首先是减少标签，尊重五保对象的供养意愿，但是五保对象不是要等到不能自理的时候才入住福利院，同时五保对象不是依赖者，要尽量营造一种让五保对象觉得自己有用而不是在福利院"混吃等死"的氛围。

福利院在原有活动的基础上，应开展更多形式的活动，吸引生活自理能力较高的五保对象参加，吸引低龄五保对象参加。一方面可以为福利院注入新鲜活力，同时也可以唤起其他五保对象对福利院照顾的服务需求，而自主自愿选择福利院照顾才能真正提高五保对象的集中供养率，才能真正实现"留得住"。同时福利院地点选择也很重要，要便于五保对象的生活，才能真正做到"搬得走、留得住、能享福"。

第四节　小结

通过以上分析，针对五保对象精神需求满足应注意以下几点。

第一，照顾支持的提供。相关工作人员，如福利院、村委会工作者，对分散供养的五保对象定期探访，协助他们改善生活，积极联系资源，尤其是动员社区力量，志愿者力量，为他们提供帮助。对集中供养的五保对象，尤其重要的是利用五保对象之间的联系，形成互助网络。

第二，精神慰藉方面。福利院应了解院内五保对象和辖区内分散五保对象的真正需求，科学指导他们的闲暇生活，倡导积极的生活态度，改善不良人际关系。举办适合五保对象的各种活动，减少久坐打牌打麻将时间，可以成立"提醒小组"，提醒五保对象适量运动缓解久坐的不适。

第三，自主性的发挥。福利院一方面要为辖区内五保对象提供咨询，也要主动到潜在五保对象家中提供帮助，消除已经造成的误解。村干部和福利院工作人员必要时可以协助安排他们到福利院参观，和其他五保对象座谈联欢。

第六章 完善农村五保对象社会保障政策的思考

社会政策的制定是为了满足社会成员的各种需要和解决社会问题。为了满足我国农村无劳动能力、无生活来源的生活极其贫困人员的基本需求，从20世纪50年代开始我国逐步制定并发展了针对这一群体的社会保障制度，即农村五保供养制度。由于五保对象是我国农村困难群体中最缺乏生存能力、最需要照顾的弱势群体，故针对这一群体提供的五保供养制度实现了对五保对象的全方位保障，同时由于这一保障制度长期建立在社区集体经济组织的基础上，因此五保供养制度是具有中国特色的农村社会保障政策体系的重要组成部分。随着我国农村社会、经济、政治各方面的发展，五保供养制度赖以实施的环境也发生了变化，难以满足五保对象多样性的需求。因此五保供养制度也需要作出适当的调整，以适应发展变化了的社会现实和日益多样的五保对象的需求现状。

第一节 五保供养制度中保障主体的地位及作用

五保供养工作并不仅仅是指为五保对象提供金钱、物质等经济保障。对农村五保对象的供养可以分成两个重要的基础环节，一是经济保障，二是服务提供。随着农村社会经济体制的发展变迁，五保供养制度的具体实施逐渐被简化为给予五保对象基本的经济保障。过于强调五保供养制度的经济保障功能的结果是造成"五供养工作就是保障五保对象物质生活"的误区，对于五保对象的日常生活照顾需求、医疗照顾需求和精神慰藉、自主性等方面的需求保障较少涉及，因此造成五保对象的日常生活照顾不足，甚至出现无人问津的现象，尤其是对于分散供养五保对象而言，非经济保障有退步趋势。应该说，当前五保供养制度逐步发展中兼顾了经济保障和服务提供两方面的问题，例如通过政府财政预算实现了五保供养资金的保证，同时对福利院等五保供养服务机构工作人员的能力提出要求并进行考核，这些措施旨在为五保对象提供更高质量的服务保障。但是五保供养制度中的保障主体，包括各级政府各部门、社区乃至社会组织等，应该有明确的责任和分工，才能使五保对象得到更好的社会保障。

五保供养工作的资源提供可以分为制度性资源和非制度性资源。其中制度性资源是指正式的资源提供者，主要提供的是工具性支持，例如经济方面的支持；非制度性资源主要提供情感性支持，例如生活照顾、精神慰藉等。制度性资源的提供主体是政府，例如政府制定的相关法律政策、政府创建的五保供养体系、政府设计的社会保障制度以及政府拥有的资金和工作人员配备等；非制度性资源的提供主体主要是五保对象亲属、所在社区、社会等。五保对象自己的收入、储蓄等经济支持，部分五保对象的土地和房屋、宅基地等也会成为他们的个人资源，可以用来换取一定的保障。更重要的是五保对象自身的健康状况、自理能力、文化技能等自身条件，可以成为满足五保对象各种需求的个人资源。此外，亲属也是五保对象的有力支持，可以称之为"亲情资源"，除了日常探视和一定的经济贴补之外，他们也会成为五保对象需要医疗照顾时的服务提供主体之一。社会资源是指非政府组织或个人提供的对五保供养工作有助益的各种资源，例如红十字会捐助的太阳能热水器设备、中国彩票福利中心提供的健身器材、个人或企业捐助的棉衣等物资、医院提供的体检和医疗保健等资源。

综上所述，五保对象的需求分为经济和非经济需求，经济需求主要是五保对象的衣食住医葬五方面的需求，非经济需求是指五保对象的照顾需求、精神慰藉和社会参与需求。在整个五保供养体系中需求提供方主要有几个主体：一是政府，主要提供的是经济方面需求的满足和部分照顾需求的满足；二是五保对象自身资源，包括他们的身体健康状况、房屋、土地等，可以得到一定的自我照顾需求满足和部分经济支持；三是五保对象的亲属系统，主要提供的是医疗照顾需求方面的满足和一定的经济支持；四是社会组织，例如红十字会、慈善总工会等组织提供的物质捐助等；五是志愿者团体，能够为五保对象提供一定程度的精神慰藉。

一 政府在五保供养体系中的主要责任

政策的实施过程实际上是一个整合与使用资源达致既定目标的过程。政府在五保供养工作中的主要作用应该体现在三个方面：筹资、监督和倡导。

政府的筹资作用。筹资主要是指政府应承担五保供养工作所需的资金主要来源。在新中国成立后一段时间，尤其是1978年家庭联产承包责任制之后，五保供养工作的难点在于五保供养资金难以落实，五保对象的生活照料难以保障，因此出现了五保对象生活贫困、无人问津的现象。一些相关研究都呼吁应当加强政府在五保供养中的责任，因此在经过一系列改革之后，政府承担了五保供养资金的主要责任，改变了由村集体经济组织解决五保供养资金的问题，完成了由集体福利向国家福利和社会救助的转变。

政府的监督作用。监督包括审核五保对象资格、资金发放和使用等政策实施环节的监督，也包括对福利院工作人员和村委会或者五保供养协议指向的一方进行监督，旨在促进各部门在五保对象照顾需求保障等方面尽到应尽的责任。尽管新《农村五保供养工作条例》对制度的运行过程进行了界定，如对五保对象的资格条件、申请程序、供养内容和标准等方面都作出了较为具体的规定，但这些规定并不具备直接实施的条件，例如五保对象资格审核与认定过程可能会出现欺骗或隐瞒现象。例如黄云梅（个案B04），因为其儿子拒不履行赡养义务，因此她出具了与儿子脱离亲子关系的说明，申请并被批准成为五保对象，居住在村撤校后闲置的小学学校，占据了一间住房。但是她曾经抚养了儿子，甚至还将孙女带大，送入西安某高校读书，观察其房间家具、电器等可知其生活状况较好，有电视、电磁炉、煤气罐、煤气灶等，说自己有几大箱子衣服等。按照五保对象的审核，她不应该属于五保对象，原因有两个：第一她有一个亲生儿子，且亲生儿子身体健康，因此有法定赡养人，且赡养人具有赡养能力；第二按照《中华人民共和国婚姻法》第十五条规定，赡养人不得以放弃继承权或者其他理由，拒绝履行赡养义务。赡养人不履行赡养义务，老年人有要求赡养人付给赡养费的权利。如果赡养人拒付赡养费，按照第四十五条规定，"老年人与家庭成员因赡养、扶养或者住房、财产发生纠纷，可以要求家庭成员所在组织或者居民委员会、村民委员会调解，也可以直接向人民法院提起诉讼。调解钱款纠纷时，对有过错的家庭成员，应当给予批评教育，责令改正。人民法院对老年人追索赡养费或者扶养费的申请，可以依法裁定先予执行"。因此黄云梅老人不应该被纳入五保供养对象的范畴，应该由村委会进行调解，或者由法院进行依法判决。类似案例应引起重视，尤其是加强审核、公示等监督环节。除了五保资格的审核、认定之外，五保供养标准的制定、五保内容的落实也需要政府的监管。因为对于较多五保对象而言，他们对于每年可能会不断调整的五保供养标准并不清楚，往往得到多少就是多少，所以由五保对象对五保供养资金进行监督是不可行的。政府要有相应的监管渠道。同样五保内容的落实也需要政府力量进行监督，尤其是分散供养五保对象的保"住"和日常照料等，集中供养五保对象的精神慰藉等。

政府的倡导作用。倡导是指提倡和促进社会组织参与五保对象供养工作，包括在经济领域和非经济领域的工作，尤其是提倡社会组织在保障五保对象非经济方面的需求中发挥更多积极作用，在有条件的地区可以实现由"政府购买社会服务"为五保对象提供生活照顾和精神慰藉等需求保障。由于社会普遍认为，五保供养是政府的主要职责，是政府托底工程，所以较少有企业、基金会或个人愿意提供捐助，因此更需要政府的倡导。

二　村级组织在五保供养体系中的责任

按照《农村五保供养工作条例》规定，村级组织在五保供养中的主要职责有两个：一是对提出"五保"供养申请的村民进行评议、公告、上报材料等；二是对分散供养的五保对象提供照料等。根据笔者的访谈调查，村级组织能够较好完成五保对象的认定工作，除了黄云梅老人（个案B03）之外，访谈的其他五保对象都符合《农村五保供养工作条例》中规定的五保对象条件。根据对部分村民和村干部的访谈，由于五保供养关系的主体由集体转变为政府，所以在当前的五保供养中能够做到应保尽保。毕竟让生活贫困的"三无"村民享受五保供养待遇，不仅是社会保障制度的具体表现，对村民或村干部来说也是一个道德问题，所以村民和村干部都不会提出异议。

但是对分散供养的五保对象提供生活照料，是村级组织实际工作中的一项难题。《农村五保供养工作条例》中规定除了为五保对象提供衣、食、住、医、葬之外，还应当"对生活不能自理的给予照料"，因此从保障制度上讲五保对象照顾需求的保障应当被纳入五保供养内容。此外，《民政事业发展第十一个五年规划》也明确指出，农村五保供养工作也包括为五保对象提供生活照料。按照《农村五保供养工作条例》的规定，满足五保对象照顾需求的服务提供方是五保供养服务机构或村民委员会，"集中供养的农村五保供养对象，由农村五保供养服务机构提供供养服务；分散供养的农村五保供养对象，可以由村民委员会提供照料，也可以由农村五保供养服务机构提供有关供养服务"，"村民委员会可以委托村民对分散供养的农村五保供养对象提供照料"。随着五保供养帮助关系的变化，即承担帮助供养责任的主体由村（乡镇）转变成国家，按照现行的五保供养制度，村级组织的角色从保障服务尤其是资金或物资的直接提供者变成了传送者，甚至在有些地区五保供养资金是直接划在五保对象的存折、账户上，因此村级组织对五保对象的直接责任相对减弱。五保资金能否维持五保对象的生活、五保对象的其他需求的满足，村级组织都可能"推卸责任"，"五保户现在由政府养着嘛"，所以部分村干部对于五保对象反映的医疗问题，住房问题（例如个案 A05 付爹爹、个案 A11 杨爹爹、个案 B02 杨久富等）和生活照料问题，村干部通常的做法是动员他们参加集中供养，表示村级组织对此无能为力。而且当前农村的人口结构和生产结构发生了一定变化，留守在村庄的多是老年人、儿童、妇女（通常是孕妇或哺乳期妇女）等，他们本身也是需要被照顾的对象，难以同时对五保对象提供一定的生活照料。除此之外就是经过人员精简、留在村庄的村干部，如果由他们承担对五保对象的日常生活照顾，也是他们本职工作之外的较重负担，而且湖北、四川等地与北方平原地区不同，村庄相对较大，住户比较分散，依靠村干部进行日常照料并不可取。而采用"村委会委托村民提供照料"的做法又因为缺乏有工作能力和服务意愿的近邻而不能实施，同时因为五保供养资金全额打进五保对象账户没有单独列出"照顾资金"用以支付为五保对象提供日常照顾的人力工资，因此村级组织在五保供养体系中提供生活照料相对困难。

此外，在访谈中，集中供养的五保对象通常反映原村庄的村委会对他们甚少关心，过年过节很少探望，因此会带来一些负面的心理感受，例如"组织上关心不够"，"毕竟我们年轻的时候也为国家作出过贡献"，"来福利院就和村里没有任何关系了"，担心"活着的时候他们都不来看我，死了也不会管殡葬"等，这些负面情绪不利于五保对象的心理健康和对五保供养制度的评价。因此建议村委会干部在春节、重阳等五保对象重视的节日能够拨冗探望分散和集中供养五保对象，不要让他们感觉自己是被原有村组织"遗忘的边缘人"。

综上可见，农村五保供养工作不仅仅是解决五保资金来源的问题，村级组织和社区如何承担五保对象公共服务的提供者任务，是当前的一个重要命题。

三　非政府组织在五保供养体制中的地位和作用

虽然五保对象的社会保障不仅仅是满足他们的经济需求，其非经济需求例如照顾需求的满足迫在眉睫，但是笔者并不主张应该由政府承担五保对象需求满足的主要责任，由政府大包大揽的做法是传统行政管理思路，应该发挥社区的互助能力，这在一定程度上也是社区传统文化的回归。但是当前由于各方面的限制，五保对象所在村级组织和社区也难以完成对五保对象的照顾等职责。因此，还应该动员非政府组织发挥作用。现代社会，政府应当与社会力量联手为公众提供公共产品和服务，非政府组织可以作为政府职能转移的有效载体。但是我国历史上长期以来形成了"官—民"即"政府—民众"相对应的两极结构，大量的工作都由基层政府直接做，民众有事也都直接找基层政府，如果在基层解决不了的问题就会层层向上汇报。这样的政策执行过程缺乏弹性，政府不能够超脱出来以裁判者的身份出现，容易使政府权力成为矛盾焦点，应当积极培育非政府组织和社会力量，使其提供一定的社会服务，从而既能够化解部分社会矛盾，也能够为弱者提供更好的服务。

非政府组织可以专门针对五保对象提供各种服务，也可以是包括农村五保对象在内的老年人照料等方面服务。他们可以为五保对象提供更多的生活照料和精神慰藉，能够促使五保对象内部的互助，可以在农村社区倡导村民互助，提高村民对社区的归属感。此外，政府可以出资购买非政府组织的服务，为五保对象提供非经济方面需求的保障。

四 五保对象自身资源在五保供养体系中的作用

五保对象自身也有一些可以转化为五保供养中能够利用的资源，自力更生、自给自足一直是五保对象乃至我国多数民众为人处世的准则，而且部分五保对象也习惯了自我照顾。五保对象的自身资源包括他们的身体健康状况、生活自理能力、婚姻状况、文化程度等个人条件，也包括五保对象的土地、房屋、宅基地、储蓄等物质条件，还有五保对象的亲属系统等。

五保对象的身体健康状况较好，自理能力较高，还是应当尽可能实现自我照顾，保持自理能力、自我服务的同时也是一种无形的锻炼，因此分散供养的五保对象通常比同龄的集中供养的五保对象有较好的身体和较强的生活自理能力。五保对象如果是和配偶一起生活，可以作为彼此的社会支持系统，提供生活照料和心灵慰藉，有利于他们的身心健康。文化程度较高的五保对象通常能够比其他五保对象更多的体验到自我实现的快乐，例如龚老师（个案A06），由于自学了一些医疗知识，协助福利院保管药物和免费为五保对象做小病诊断治疗，一定程度上因为能够为福利院做事而自豪，同时也获得了一定的"特权"，例如住在福利院条件较好的房间等。

五保对象的物质资源一定程度上可以转化为正式五保供养系统的有力补充。五保对象中的社会分层现象很明显，最主要是由经济原因造成的分层。除了统一的五保供养资金之外，影响五保对象经济条件的主要因素是是否仍然拥有土地、房屋等个人财产。由于新旧《农村五保供养工作条例》不同，部分五保对象已经没有了自己承包的土地甚至房屋等，例如郭爷爷（个案A03）、杨久富（个案B03）等人，只能依靠五保供养资金生活，其吃穿用度比其他五保对象相对要差。但是将土地承包给其他村民的李爷爷（个案A02）每个月额外有240元的租金，相比其他集中供养的五保对象每月仅30元的零花钱，李爷爷每个月的"零花钱"高出很多。还有的五保对象曾经购买养老保险，每个月也有五十元到两三百元数额不等的经济补充（个案A07：刘爷爷、个案A10：王爹爹）。还有的五保对象年轻时有一定积蓄，这对于满足他们的安全需求有较大帮助，例如年轻时一直做生意的王爹爹（个案A10）、有几千元以备不时之需的刘婆婆（个案A08）。

五保对象亲属的多少以及与亲属关系的亲密程度也会影响他们的保障状况。亲属除了提供一定的医疗照顾之外，还会提供一定的经济支持，但是在亲属支持系统中，更多的是血缘关系，姻亲关系提供的支持很少，一般是五保对象自己的兄弟姐妹或者侄子侄女等。有较多亲属的五保对象比缺乏亲属关怀的五保对象更好生活，亲属探望可以减少他们的孤独感，也可以带来一定的经济收益，作为五保供养体系的一个重要补充，例如刘婆婆（个案A08）、李婆婆（个案A09）、陈吉秀（个案B01）、王开珍（个案B05）等。

因此在五保供养体系中，五保对象自身的资源也应该充分发挥，倡导他们的自我照顾和互助，加强文化学习，鼓励他们参加农村社会养老保险制度，运用自己的土地、房屋等可以和村委会或者亲属、村民等签订供养协议，作为五保供养体系的补充。

五 福利院在五保供养体系中的作用

当前福利院在五保供养体系的作用主要体现在保障集中供养的五保对象基本生活方面。由于湖北、四川两省政府都大力提倡五保对象集中供养方式，集中供养比例较高，因此福利院在五保供养体系中作用很重要。从五保供养标准和五保供养内容的实施与保障程度来看，集中供养的五保对象都比分散供养的五保对象有较高的需求保障。

福利院在五保供养体系中除了做好原有的五保内容之外，还应该兼顾五保对象的非经济方面的需求，包括五保对象的自主性需求，例如在饮食、穿衣以及供养方式选择方面的自主性，真正实现五保供养的"入院自愿、出院自由"。此外，要充分运用福利院的阅览室、活动室、健身器材等，带领大家开展有益身心的休闲娱乐活动和健身活动。

在访谈中得知，即使是分散供养的五保对象也是把入住福利院作为自己将来生活的必然选择，从这个意义上来讲，分散供养的五保对象是福利院潜在的服务对象，因此可以增加与他们的接触，消除部分分散供养五保对象对福利院的误解，增强沟通，能够更好地为五保对象提供服务，同时可以争取相对年轻、身体较好的分散供养五保对象入住，为福利院带来更多的生机与活力。目前福利院等五保供养机构的服务通常不包括分散供养的五保对象，所以和分散供养五保对象的互动极少，个别地区的五保供养服务机构会承担为分散供养的五保对象发放政府提供的五保供养资金，他们之间的互动也仅此而已。

第二节 五保供养工作中的相关制度

通过文献收集和访谈，历数与五保供养工作相关的社会制度有很多，例如《宪法》、《未成年人保护法》、《老年人权益保障法》、《残疾人保障法》等法律制度，还有我国农村最低生活保障政策、计划生育政策、农村养老政策以及各省市根据国家精神出台的其他地方性法规。有些制度为五保供养制度的制定与实施提供指导作用，有些制度的具体内容与五保供养制度有重叠，会影响五保供养制度的实施与发展。

一 农村最低生活保障制度与农村五保供养工作

上海市是最早颁布包括农村人口在内的最低生活保障制度的地区。1996年11月4日发布了《上海市社会救助办法》，这是我国第一部地方政府对包括农村人口在内实施最低生活保障的法规。其后1998年12月31日广东省颁布了《广东省社会救济条例》，2000年浙江省颁发并实施了把城乡全体居民纳入最低生活保障体系的法规。上海、广东、浙江创造了中国发达地区面对全体居民实施最低生活保障制度的模式（邹文开，2004）。洪大用等人（2004）也认为建立城乡统筹的低保制度是我国社会救助制度改革的发展方向，农村低保制度的建立对于确保五保对象的基本生活意义重大。2006年以来，国务院和各级地方政府统一部署，初步在全国范围内建立了农村最低生活保障制度。

笔者在访谈中也发现部分生活困难的五保对象被纳入五保供养体制之前也曾被纳入低保对象，他们通常是年龄未满 60 岁的"准五保对象"，还有的是在 2006 年之前因为五保对象名额有限，应保尽保率较低，先将其纳入低保对象，然后再慢慢转为五保供养，例如李爷爷（个案 A02）加入五保之前曾经"吃过两年低保，满 60 岁才开始吃五保"，身体残疾的万大哥（个案 B06）曾经是低保户，一个月 10 元钱的补贴，后来才被纳入五保，送到福利院集中供养。虽然低保标准比五保供养标准稍低，但是对于改善实际生活还是有一定帮助。

农村低保制度除了为"准五保对象"提供经济帮助之外，也有部分学者建议将五保供养纳入农村低保范畴，最终实现城乡统筹的最低生活保障制度（洪大用等，2004；刘剑，2010）。

二 新型农村合作医疗、医疗救助制度与五保供养工作

2006 年《农村五保供养工作条例》第九条明确规定："农村五保供养对象的疾病治疗，应当与当地农村合作医疗和农村医疗救助制度相衔接"。因此和农村五保对象相关的医疗救助制度主要有两种：一是将五保对象纳入农村新型合作医疗体系，所需费用由政府买单；二是农村医疗救助制度，为五保对象提供医疗救助，通过严格的程序，确保为五保对象服务。

通过访谈得知，在四川、湖北访谈地的五保对象基本都在国家民政部门的资助下加入了农村合作医疗，五保对象患病治疗能够按照农村合作医疗规定的比例得到报销。成都市政府 2009 年出台了

《关于进一步深化城乡一体化社会救助工作的实施意见》，规定农村"五保"对象发生的符合基本医疗保险规定的门诊医疗费用，实行全额救助；农村"五保"对象在基本医疗保险定点医疗机构发生的住院医疗费用，扣除城乡居民基本医疗保险报销的费用后，剩余的符合基本医疗保险规定的住院医疗费用全额救助。按照这一规定，五保对象的"保医"基本能够得到保障。湖北宜昌市也建立了"五位一体"医疗救助体系，即"资助参保（合）、定额门诊医疗、住院医疗救助、临时救助、慈善大病关爱救助"五位一体、统筹城乡的医疗救助制度。具体规定如下：一是资助农村五保对象参加新型农村合作医疗；二是对农村五保对象中患慢性病或者常见病常年需要药物维持或治疗的对象发放定额门诊救助卡，额度300～1000元；三是对符合医疗救助条件的对象及时进行住院医疗救助，年救助封顶线为6000元；四是享受各种救助后，个人负担的医疗费数额较大直接导致基本生活困难的，给予500～1000元的临时救助；五是实施慈善大病关爱救助制度，将医疗救助由"特惠"向"普惠"方向延伸。患者个人自付费用达到5万元以上的，给予大病关爱救助，最高救助额度为6万元。

从制度上讲，五保供养制度和农村合作医疗、医疗救助制度配套，基本能够解决五保对象的就医问题。但是对于相关的政策、制度，五保对象了解程度不够，集中供养的五保对象一般是由福利院代为办理，但是分散供养的五保对象缺乏对相关政策的掌握，表示医疗的压力较大，例如付爹爹（个案A05）、杨久富（个案B03）等人。因此，制定并完善五保对象相关的医疗保障制度的同时做好政策的宣传也很重要。

三 农村社会养老制度与五保供养工作

始于20世纪80年代中期的农村社会养老保险改革试点，确定了以县为单位开展农村社会养老保险的原则，1992年初民政部出台《县级农村社会养老保险基本方案（试行）》，资金筹集坚持

"个人缴费为主,集体补助为辅,国家给予政策扶持"的原则,基本上是一种完全个人储蓄积累式的自我保险,与本来意义上的社会养老保险有偏差。因此农民的参保意愿不强。2006年初《中共中央、国务院关于推进社会主义新农村建设的若干意见》(中发〔2006〕1号)提出要加大公共财政对农村社会保障的投入,并把建立与农村经济发展水平相适应、与其他保障措施相配套的农村社会养老保险制度作为推进社会主义新农村建设的重要内容,摆在了重要位置,提出了明确要求。党的十七大以及2008年中央经济工作会议上,胡锦涛总书记和温家宝总理再次明确提出"探索建立农村养老保险制度","积极开展农村社会养老保险试点"。国家"十一五"规划和国务院转发发改委与劳动和社会保障部的《劳动和社会保障"十一五"规划》都对建立农村社会养老保险制度提出了明确要求,2008年中央一号文件提出"鼓励各地开展农村社会养老保险试点"。各地在原来基础上建立了"个人缴费、集体补助和地方财政补贴"三方分担保险费的筹资机制。2009年国务院颁发了《关于开展新型农村社会养老保险试点的指导意见》,指出要"探索建立个人缴费、集体补助、政府补贴相结合的新农保制度,实行社会统筹与个人账户相结合,与家庭养老、土地保障、社会救助等其他社会保障政策措施相配套,保障农村居民老年基本生活"。2009年开始在全国10%县(市、区、旗)推行试点工作,进而在全国普遍实施,目标是在2020年之前基本实现覆盖所有农村适龄居民社会养老保险。新农保基金由个人缴费、集体补助、政府补贴三部分构成:(一)个人缴费。规定参加新农保的农村居民应当按规定缴纳养老保险费。缴费标准目前设为5个档次,即每年100元、200元、300元、400元、500元。国家依据农村居民人均纯收入增长等情况适时调整缴费档次。地方还可以根据实际情况增设缴费档次。参保人可以自主选择缴费档次,多缴多得。(二)集体补助。规定有条件的村集体应当对参保人缴费给予一定补助,补助标准由村民委员会召开村民会议民主确定。鼓励其他经济组织、社会公益组织、个人为参保人缴费提供资助。（三）政府补贴。政府对符合领取条件的参保人全额支付新农保基础养老金，其中中央财政对中西部地区按中央确定的基础养老金标准给予全额补助，对东部地区给予50%的补助。地方政府应当对参保人缴费给予补贴，补贴标准不低于每人每年30元；对选择较高档次标准缴费的，可给予适当鼓励，具体标准和办法由省（区、市）人民政府确定。对农村重度残疾人等缴费困难群体，地方政府为其代缴部分或全部最低标准的养老保险费。从新农保办法可以看出，享受农村五保供养的人员属于该养老保障制度中，因此按照相关规定，可以领取一定的养老金。

经访谈得知，四川温江部分集中供养的五保对象在2008年参加了农村社会养老保险，因此每月可以得到280元到352元不等的养老保险，这笔钱为他们的五保生活提供了更多更强的经济保障。例如王爹爹（个案A10）在2008年初花了9100元买的社保，现在每个月可以拿到280元的养老金，这笔钱对于每个月只有30元零花钱的五保对象而言是笔很大的收入，当然参加的前提是要投入一大笔钱参保，这对于很多五保对象而言是十分困难的事情，但是这可以成为一个思路，建议年轻的"潜在"五保对象早日参加农村养老保险，为自己晚年生活增加一份保障。

还有的五保对象因为参保资金不足，在亲属的帮助下参加农保，因此亲属也会参与养老金的分配。例如刘爷爷（个案A07）是弟弟出钱帮忙加入的农村社会养老保险，现在每个月有352元养老金，除掉每个月给刘爷爷50元零花之外，其他302元归弟弟支配。"如果不够的话，兄弟也会给"，"毕竟是弟弟出的钱"，所以刘爷爷觉得自己名下的养老金分配方式合情合理。即使只是领取一小部分养老金，也是福利院提供的每月二三十元零花钱的一到两倍，所以刘爷爷的手头比一些没有其他任何收入来源的五保对象宽裕一些。因此，加入农村社会养老保险制度是提高五保对象生活质量的一项有力举措。

四 计划生育政策与五保供养制度

计划生育政策是一种公共政策，代表的是以国家利益为核心的公共利益，目的是实现国家政治经济社会和文化的高速发展。计划生育政策经历了20世纪50年代提出的广义上的提倡晚生、少生的"晚—稀—少"政策导向逐渐发展到80年代的独生子女政策，计划生育政策的执行也从严格限制逐渐走向奖励倡导，建立了计划生育奖励补偿制度。计划生育奖补制度不但起到了最低生活保障的作用，还承担了一定的福利化诱导作用（包蕾萍，2009）。

在独生子女父母的社会保障方面，2004年2月国务院办公厅转发人口计生委、财政部《关于开展对农村部分计划生育家庭实行奖励扶助制度试点工作意见的通知》，决定在部分农村地区开展试点工作，对独生子女或两个女孩、夫妇年满60周岁的计划生育家庭，由财政安排专项资金，按每年人均不低于600元的标准给予奖励扶助。2006年试点工作全面铺开。国家人口计生委和财政部根据《国务院办公厅转发人口计生委财政部关于开展对农村部分计划生育家庭实行奖励扶助制度试点工作意见的通知》（国办发〔2004〕21号）精神，制定印发了《全国农村部分计划生育家庭奖励扶助制度管理规范》。

按照2006年《农村五保供养工作条例》，只要有赡养人的农村老年人就不符合五保对象的要求，但是在湖北、四川等地2006年之前都有个别独女户纳入五保供养的五保对象，两地地方政府一致的做法是以前认定是五保对象的继续按照五保对象标准供养，但是以后不再把独女户作为五保对象。因此在访谈中有个别五保对象有女儿，例如李婆婆（个案A06）育有一女，但是女儿出嫁后，李婆婆很早就成为五保对象，入住福利院。还有个别人是因为独生子女去世而成为没有赡养人的五保对象，因此他们在享有五保供养待遇的同时，年满60周岁后可以领取计划生育奖励。例如刘爹爹（个案A07），按照计划生育政策每月有50元生活保障。

"养儿防老"是我国长期形成的文化传统和心理预期，而且子女数量的增加能够抵御较多风险，使社会成员获得更多的生活保障，至少在心理上有更强的安全感，因此在农村地区独生子女家庭尤其是独女户家庭会比其他家庭有更多的养老担忧。做好农村五保供养工作，对于社会成员生育观念的改变和促进计划生育政策的实施，无疑能起到一定的推动作用。

五 残疾人相关制度与五保供养工作

据统计，2009年全国五保对象中有17%左右患有身体或精神残疾，因此和残疾人相关的福利制度和农村五保供养工作也有一定关系。残疾人福利事业是我国传统的社会保障与福利事业，有系列的指导意见和发展规划，2010年3月国务院办公厅转发了残联、教育部、民政部等部门和单位《关于加快推进残疾人社会保障体系和服务体系建设的指导意见》，提出要加强对残疾人的社会救助，落实残疾人社会保险补贴和各项待遇，提高残疾人的社会福利水平。但是目前没有全国性的专门针对残疾人的普适性的直接货币补贴，通常是将生活困难的残疾人纳入最低生活保障制度以及社会救助体系，有的地区会出台相关政策为残疾人提供一定的资金补贴。例如按照四川省《中华人民共和国残疾人保障法》实施办法规定"生活有困难的残疾人，由当地民政部门、城乡基层组织或者所在工作单位按规定给予救济、补助"，符合条件的纳入农村五保供养。因此个别身患残疾的五保对象有时会得到一定的经济救济和补助。

访谈对象吴爹爹（个案A01）有腿部残疾，办理了《残疾人证》，在分散供养的时候除了五保供养资金之外，每月还可以得到50元的残疾人补贴，春节的时候还可以得到民政和残联双份物资形式的补助。不过吴爹爹表示自从进入福利院之后，不再享有残疾人补贴，只是在春节时候可以得到残联的一份慰问。

从福利院对五保对象集中供养现状来看，由于不是专门收养残疾人的社会福利机构，所以在护理、康复、辅助器具装配等方面难以达到相关要求。所以一般农村福利院很少特别关注对残疾人的特殊照顾。

六　临时社会救助制度与五保供养工作

临时救助制度是一项传统的民政业务，是完善城乡社会救助体系，保障困难群众基本生活的重要举措。临时救助制度作为最低生活保障、专项救助、社会互助制度的有效补充，对于在日常生活中由于各种特殊原因造成基本生活出现暂时困难的家庭，给予非定期、非定量的制度。长期以来，临时救助制度在保障城乡困难群众的基本生活，缓解低收入困难群众应对各种突发性困难方面具有重要作用。临时救助制度原则上主要针对的是低保边缘家庭，传统上临时救助制度对农村五保对象的保障主要体现在节假日生活补贴方面，包括现金和物资两种形式。

访谈中，四川 WC 镇福利院 2008 年春节、重阳节给五保对象发放每人每节 100 元的补贴，分散供养的五保对象是在年终春节时候有米、面、油等物资，据福利院工作人员或村干部介绍这些都属于民政部社会救助的范畴。虽然节日的补贴数额只是 100 元或者是米面油等，但是不少五保对象还是很关心，比如有的五保对象后悔自己入住福利院的时候刚刚过了重阳节（个案 A08 刘婆婆；个案 A07 刘爷爷等）。除了民政部的临时救助制度之外，一些社会捐赠等也因为不稳定性、非持续性可以纳入五保供养中的临时救助范畴，例如四川 WC 镇福利院曾得到捐赠地震灾区剩余的棉衣等，湖北 WA 镇福利院得到的乡镇企业捐助的棉袜等。关心社会弱势群体，能够体现企业的社会责任和社会的良好风尚，应当鼓励企业和社会各界增加对五保对象在内的弱势群体的关注和支持。

综上可以看出，和农村五保供养制度联系密切的相关制度包括农村最低生活保障制度、新型农村合作医疗制度、农村医疗救助制度、农村养老制度、计划生育制度、临时救助制度等，这些制度之间存在一定的联系，尤其是保障对象具有交叉性，且基本都包括五保对象或者与五保对象较强的关系。这样密切的联系也引发了一系列问题，例如可能会造成部分"潜在"五保对象或"准"五保对象降低储蓄意愿，倡导和实行农村社会养老保险制度可能会强化农民的风险意识，增强自我财富积累，但是对于参加养老保险的五保对象每个月有两三百元的养老金，是否仍然算"无收入来源"，是否还能够纳入五保对象的范畴，如果不算五保对象，是否会降低他们的参保意愿，造成他们对社会福利的过度依赖。建立五保供养相关制度的衔接，才能全面发挥五保供养制度的保障功能。

第三节　建立五保供养制度的评估指标体系

对社会政策进行评估可以为社会政策的延续或改革、甚至终结提供决策的依据，最重要的是能够保证社会政策得以高效执行。因此，农村五保供养制度自身要求完整、规范和科学，还必须相应建立一套具体可行的评估体系。五保供养制度的评估主要集中在两个方面：一是对五保供养制度的实施结果，即政策实施的结果进行评估。评估方式可以是自评、他评和专家评估三种形式。自评是政策主体即各级政府在政策实施以及与五保对象接触的实践中，自评五保供养制度在供养标准、五保内容、五保对象的生活质量等方面的效果，他评主要是指政策客体即五保供养制度的目标群体——五保对象对五保供养政策的评价，专家评估主要是民政部委托相关的学者通过严谨的量表或调查访谈等手段，对政策实施的效果进行评价。除了对五保供养制度实施的结果进行评估之外，还要加强对五保供养制度实施过程中的监督与评估，例如五保对象的认定程序、五保标准的执行、五保资金的发放等方面，及时发现和解决问题，保证从上而下的政策实施不走样。在监督检查方面，一个关键问题是监督检查方式的创新。仅仅依靠行政机构上级对下级的监督检查远远不够，还要充分发挥新闻媒体和其他社会力量的监督作用，包括非政府组织提供服务的过程也会成为一种监督力量，努力使五保供养工作成为民政部门的一项"阳光工程"。

在具体的监控和评估内容上，张秀兰、徐月宾（2004）在深入研究的基础上设计出了一套包括政策执行过程和目标两方面内容的指标体系。综合五保供养制度的评估主要包括以下几个方面。

第一，政策宣传，目的是保证包括当地居民，尤其是潜在的五保对象，了解五保供养制度的具体规定和相关信息。具体指标包括：①政策执行部门要制定内容完整的政策宣传册，例如五保供养手册等，尤其要对重要问题，例如对五保对象的申请资格、申请程序、供养内容、标准及发放时间等有简明清晰的描述；②宣传手册要在相关部门存放，并利于居民取阅，例如在村委会及乡镇政府有关责任部门的办公场所存放；③对居住较偏远地区的居民建立定期拜访和宣传制度；④建立对五保对象提供个别宣传机制，并作出政策解读；⑤有专人负责，配备专门工作人员负责政策咨询，为申请者提供帮助；⑥当地居民尤其是五保对象对相关政策有一定的了解；⑦没有证据显示，符合条件的五保对象由于政策信息的原因不能享受五保待遇，或不能按时足额享受五保待遇。

第二，资格认定。目的是保证只有符合条件的居民才能享有五保供养。具体指标有：①在村一级建立民主评选程序；②申请结果及时公布，要建立接受意见反馈机制；③有畅通的投诉受理程序；④没有证据显示，有不符合条件的居民享受五保待遇。

第三，实现应保尽保。旨在保证辖区内所有符合条件的村民都被纳入到五保供养体系。具体指标有：①辖区中所有符合五保供养条件的申请者都享受五保供养待遇；②没有证据显示，有符合供养条件的人未能获得帮助。

第四，按时足额发放五保供养资金。旨在保证五保对象的供养资金及其他实物的发放准时，内容和数额不低于政策规定的标准。

具体指标有：①五保对象享受的五保待遇，其内容和数额均符合政策规定；②五保供养资金或实物没有被无故拖延；③五保对象对供养内容、数额以及及时性满意。

第五，五保对象的实际生活得到保障。目的是五保对象的衣、食、住、医疗、生活照料和安葬，以及对未成年五保对象的义务教育等都有一定的保障。具体指标有：①五保对象的生活水平不低于当地居民的平均生活水平，最起码不能低于当地最低居民生活水平；②生活不能全部自理的五保对象能够得到适当的生活照顾服务，尤其是分散供养五保对象有定期探望机制；③能够得到及时和充分的医疗服务；④有符合当地文化传统的丧葬安排；⑤未成年五保对象能够接受相应的教育服务；⑥没有出现五保对象因生活困难导致的不良事故；⑦五保对象对其生活有较高的满意度。

按照以上评估指标，访谈发现当前的五保供养制度在政策宣传、资格认定等方面还存在一定的不足，五保供养资金是否能够按时发放尤其是能否足额发放，也存在一定的地区差异，因此建立评估指标并贯彻实施这些指标，建立一定的监督体制，对于促进五保供养工作的完善，具有重要作用。

第四节 五保供养制度不宜纳入农村低保制度

当前五保供养制度较之旧制度，的确更加科学合理，而且更具有操作性，能够更有效地保障五保对象的需求。对五保供养制度的科学评估，建立适当的评估指标，对于保障五保对象的生活具有重要意义；同时，五保供养制度在具体实施中和其他针对弱势群体的相关制度有密切联系，因此促进了对五保供养制度发展趋势的思考。较多学者对此有相对一致的看法，那就是将五保供养纳入农村最低生活保障制度，并最终建立城乡统筹一致的最低生活保障制度（王翠绒，刘亦民，2008；宋辉，2008；李瑞德，2007；洪大用等，

2004；邹文开，2004；顾昕等，2004）。学者们认为，随着综合性救助体系的建立，五保供养制度将完成其历史使命，包括五保供养在内的各种社会救助制度，"在制度设计和实施上存在大量不规范的问题，而且把贫困者划分为复杂的类别，不仅导致救助工作的行政成本很高，而且为地方实施者行使自由裁量权开辟了大量空间"（顾昕、降薇，2003），因此应当把五保供养制度和最低生活保障制度相结合，并逐步使五保供养融入面对全体国民的最低生活保障制度。

笔者认为，当前的五保供养制度对于保障五保对象的基本生活和照顾等需求方面的作用不可忽视，不宜将其纳入最低生活保障制度。由于当前农村最低生活保障制度的标准较低，生活贫困人口的致贫原因复杂，和五保对象本身生理特点带来的脆弱性、抗逆力弱等特征相比，有较大差异，因此在当前不宜把五保供养制度纳入农村最低生活保障制度。主要原因如下。

第一，2002~2005年五保供养纳入最低生活保障制度的实践证明不宜纳入。2002年起在农村地区全面推行税费改革制度，将过去的"乡统筹、村提留"以及所有针对农民的行政事业性收费项目取消，代之以税收和财政转移支付作为包括五保对象在内的农村公益事业的经费来源。五保对象的生活保障通常有两个渠道，其一是在实行了最低生活保障制度的农村地区，五保对象和困难户一起被纳入最低生活保障制度，没有实行最低生活保障制度的地区，则是实行传统的社会救济或者是农村特困户救助制度（参见表6-1），当时的五保供养工作出现较多困难，主要集中在五保供养标准较低，五保内容不全等方面。在2006年实行新的《农村五保供养工作条例》之后，各地区的五保供养工作有较大发展，供养标准有所提高，应保尽保率提高。因此从历史实践中看，当前将五保供养纳入农村最低生活保障制度不能改善五保供养状况，反而可能降低五保供养状况，使五保供养工作后退到世纪初的水平。

第六章　完善农村五保对象社会保障政策的思考

表6-1　2002~2005年纳入低保和特困户救助制度的五保户情况

单位：万户

年份	农村最低生活保障制度			特困户救助制度			五保户总数
	困难户	五保户	其他	特困户	五保户	其他	
2002*	303.3	51.1	53.4	1468.1	162.2	250.7	213.5
2003	114.5	30.3	32	192.7	173.9	89.3	204.2
2004	165.2	37.1	33.6	260.4	228.7	56.6	265.8
2005	298.8	49.7	57.7	290.4	300.1	64.4	364.5

* 2002年的统计单位是"万人"，因为原始数据没有提供户数的情况。
资料来源：中华人民共和国民政网《民政事业发展统计报告》。

第二，五保对象人数增长较快。实行新的《农村五保供养工作条例》以来，农村应保尽保率提高，加上生活条件的改善，人均寿命延长等原因，五保对象越来越多（参见图6-1），将五保对象全部纳入最低生活保障制度的目标群体，将给农村的低保制度和养老制度带来较大压力。

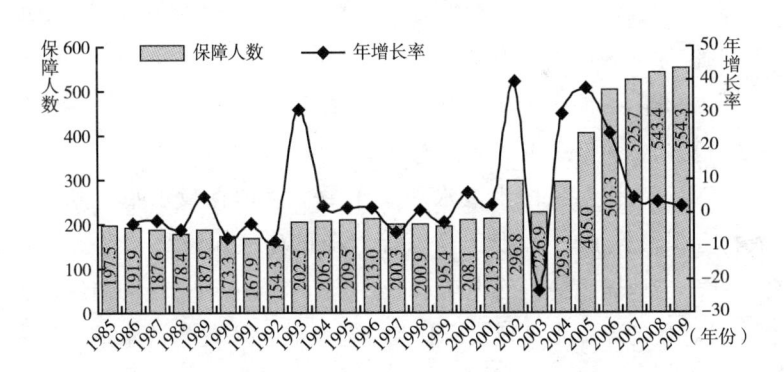

图6-1　1985~2009五保对象人数增长情况*

* 2003、2004、2005年五保对象人数数字是根据民政部统计数据中的"户数"折算得出，大概按照五保户是五保对象的90%比例取值。

第三，当前的最低生活保障制度标准较低，很难保障五保对象的基本生活。这是笔者反对将五保供养制度纳入最低生活保障制度的重要原因。当前五保对象的最低生活保障制度标准较低，据民政部 2010 年统计为例，全国农村最低生活保障的平均标准是每人每月 117.0 元，而 2010 年全国分散供养五保标准是每人每年 2102.1 元，折合每个月是 175.2 元，显然最低生活保障标准远低于分散供养标准，与集中供养五保标准每人每年 2951.5 元月平均 246.0 元，差距更大。更重要的是，单纯依靠五保供养资金，也只能保障五保对象最基本的生活保障，很难保障五保对象的衣、食、住、医、葬等基本生活。例如杨久富老人（个案 B03），他的生活来源只有五保供养资金，因此在衣食住行上都处于最底层，仅仅能保证基本生存问题，他每日以辣椒酱下饭，除了邻居朋友送给自己衣服之外，没有任何添置新衣的记忆，关节炎严重的时候去打一针一元钱的封闭，寄居在其他村民的房间，住处不通电，其生活境况相当悲惨，如果不按照当年五保供养，将其纳入湖北宜昌地区当阳市当地低保标准每人每月 88 元[①]，全年是 1056 元，更是低于当年五保供养资金 1500 元，其生存状况更加堪忧。因此，当前的最低生活保障制度难以保障五保对象的基本生活，需要大大增加资金投入，大幅度提高低保标准，这对于很多地区也是繁重的经济压力。但是如果提高低保标准，可能会带来诸如"福利养懒汉"的弊端，导致部分能够恢复社会功能脱贫的低保人口放弃自身努力。

第四，五保对象的生活水平高于最低生活保障水平。按照新《农村五保供养工作条例》，对五保对象的生活保障是"达到"或者不低于当地居民的平均生活水平。虽然受各方面条件的制约，多数五保对象的保障水平还没有达到当地居民的平均生活水平，如果将其纳入最低生活保障制度的话，包含的一个预设是五保对象的生活水平将是当地居民的最低生活保障水平，对于农村中最困难群体的保障制度将会有失社会公平。因为对于农村多数低保对象而言，可能只是暂时的生活水平较低，等疾病治愈、子女就业等致贫因素消失之后，还有可能提升自己的生活水平，但是对于丧失部分或全

---

① 参见民政部网站《各区县农村、城市平均社会救济标准》。

部社会功能的五保对象而言，致贫致困的因素具有不可逆转性，甚至可能加剧，这就预示着五保对象只能生活在最低生活保障线这一临界点上。因此，将五保供养纳入农村最低生活保障制度的做法还需要商榷。当然，从长远来看，随着我国社会经济政治各方面的发展，尤其是对弱势群体的服务保障制度完善之后，建立统一的最低生活保障制度是大势所趋。

第五，五保供养制度不仅仅是保障五保对象的经济需求，也包括对其提供生活照顾等非经济需求的保障。由于五保供养制度实施中，经济保障的实施及其成效容易测量，因而在实际工作中不可避免会出现重经济保障轻非经济保障的现象，但是《五保供养工作条例》明确规定为五保对象，尤其是不能生活自理的五保对象提供日常生活照顾及医疗照顾。而农村最低生活保障制度为保障对象提供的仅仅是经济方面的支持，如果将五保供养制度纳入农村最低生活保障制度，可能会导致政策执行部门完全放弃原本就被忽视的对五保对象的照顾服务，因此更不利于保障五保对象的生活。

基于以上几个原因，笔者认为，五保供养制度不能被纳入农村最低生活保障制度，还是应当以一个独立存在的社会救助制度单独运行，并且在一定时期内要长期存在。只有随着我国农村经济发展水平提高，社区照顾体制等条件具备的时候，才能将其纳入农村最低生活保障体系。

根据访谈资料，修改后的五保供养制度从经济保障功能上来讲，保障功能有一定提高，能够较好地满足五保对象保吃、保穿，基本能够满足五保对象的保医和保葬，集中供养的五保对象保住问题也得到较好的解决，个别分散供养的五保对象在保住方面依然有一定需求。因此整体上讲，五保供养制度的经济保障功能有所提高。五保供养制度的发展趋势不应该低于当前的保障水平，当前不宜纳入农村最低生活保障制度。做好农村五保供养工作，还要妥善处理五保对象的供养形式自主性选择问题。一方面福利院要做好宣传倡导活动，另一方面也应该积极探索五保供养的其他形式，例如以村庄为单位建立五保对象聚集区，即小型的五保福利院，类似"五保村"、"五保家园"等，或许可以解决五保对象的部分非经济需求。

第五节　五保供养制度供给与五保供养对象需求保障的合理协调

五保供养制度是一项社会政策。社会政策的制定通常是为了满足社会成员的需要和解决社会问题，因此为了满足我国农村无劳动能力和无生活来源的一部分最贫困人员的需要，从20世纪50年代开始我国逐渐制定并完善了针对这一群体的社会救助政策。五保供养制度旨在解决农村生活贫困、缺乏照顾的社会成员的基本生活，为这一群体提供基本生活保障，包含保吃、保穿、保住、保医、保葬（未成年人的保教）在内的五保内容同样是基于这一群体共同需求的基础上产生的，带有一定的普遍性和保障机制的规定性。但是五保对象个体之间存在个别化需求，他们对于五保内容甚至五保之外的需求表现多样化，因此在五保对象需求多样化与五保供养制度的规定性之间存在一定的矛盾。例如"保穿"是一项基本的五保内容，因此福利院会制定"一年添置冬夏两套服装"等规章制度，从而保障五保对象穿衣御寒等生活需求，但是并不是所有五保对象都在"保穿"方面有较强的需求，有的五保对象表示自己现有的衣服这辈子都穿不完，他们更希望将有限的五保供养资金用在其他方面。再比如"保葬"，有的五保对象对一个"体面"葬礼的需求比较强烈，希望能够多留点钱备办后事，因此只能从有限的零花钱中节俭。但是也有的五保对象该需求并不强烈，认同福利院或村委会、亲属的通常做法，一个骨灰盒、几挂鞭炮等也不觉得"可怜"，这些五保对象更倾向于保吃、保医等方面。还有的五保对象因为有养老金、亲属补贴等其他经济来源，对于非经济方面的需求相对强烈，改善"混吃等死"的生活现状可能更为必需。

一定程度上，正是由于福利院集中供养的五保对象虽然保障标准高、保障内容全面，但是保障也有较强的规定性，所以分散供养的五保对象不愿受制度约束，宁愿选择供养标准较低的供养方式。基于五保对象需求多样性和五保保障机制规定性之间的矛盾，笔者认为应该增加五保供养制度的弹性，尤其是给予福利院在资金使用上较多的自由支配权，在加强监督的基础上，通过评估每个五保对象的不同需求，提供合理满足。五保供养资金在保障五保对象基本生活的基础上，可增加部分用于购买照顾服务、精神慰藉等非经济方面的服务。

第六节　社会工作者在五保供养工作中的作用

考察五保对象的需求保障状况，当前我国对五保对象的主流服务模式显然不够全面，所提供的主要保障就是五保供养制度所规定的以"五保"内容为代表的经济保障和部分日常照顾保障。当前的服务模式与取向着眼于个人的弱处，例如金钱和物质的缺乏，服务提供模式是针对个人经济、劳动能力不足而侧重金钱和实物补贴，并没有纳入社会接纳、人际关系等非经济方面需求的保障。现代社会保障制度的一个重要特点是重视社会服务的提供，切实保障服务群体受益。

当前五保供养工作应当是全面系统的保障服务工作，对五保对象的生活保障制度应当包括保障他们的经济需求和非经济需求两大方面。如果说《农村五保供养工作条例》的具体实施在保障五保对象的衣食住行等经济方面提供了有力的支持，但是具体到非经济方面的服务保障则需要加强。可以明确或者增设专门为五保对象提供服务的岗位，"五保社会工作者"或"五保专干"等称谓均可。他们为五保对象提供的服务包括直接服务，例如协助其他工作人员的照顾服务、医院探望、个案辅导与咨询、兴趣小组等，也包括间接服务，例如对照顾者的培训与指导，倡导、凝聚和支持志愿者团队，提供相关政策咨询，整合社区资源，联系外部资源等方面。五保服务可以当地的福利院为依托，社会工作者的服务对象包括院内五保对象，也包括当地分散供养的五保对象。本书调查地之一湖北宜昌当阳部分地区将分散供养的五保供养工作也纳入福利院服务范畴,由福利院院长与会计一起将五保供养资金直接送达分散的五保对象手中,虽然这一"服务"形式比较单一,但是也能够传达福利院的部分信息。

总体上可以将当前五保对象的社会工作服务概括为三个方面(见图6-2)。

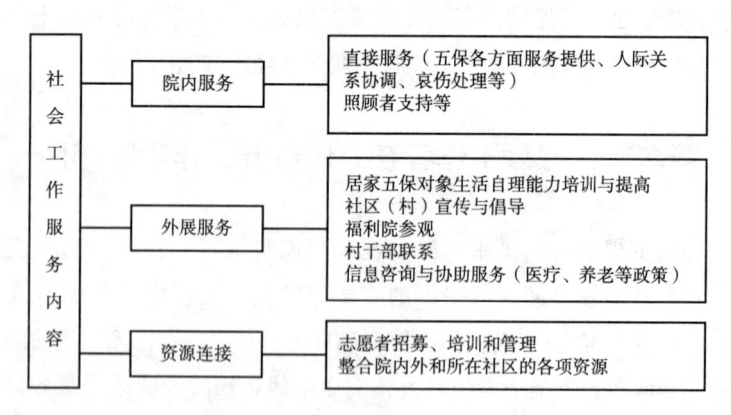

```
                    ┌── 院内服务 ── 直接服务(五保各方面服务提供、人际关
                    │               系协调、哀伤处理等)
                    │               照顾者支持等
社                  │
会                  │               居家五保对象生活自理能力培训与提高
工                  │               社区(村)宣传与倡导
作 ──────────────── 外展服务 ────── 福利院参观
服                  │               村干部联系
务                  │               信息咨询与协助服务(医疗、养老等政策)
内                  │
容                  │
                    └── 资源连接 ── 志愿者招募、培训和管理
                                    整合院内外和所在社区的各项资源
```

图6-2　社会工作者在农村五保工作中的服务内容

为五保对象提供的服务。包括物质系统、社会关系系统、健康保健系统、精神慰藉系统和自主性发挥系统五个方面。物质系统主要是经济上的保障和支持,包括五保对象衣食住行等方面;健康保健方面主要是为五保对象提供生理、心理协助,提供调适关怀性服务,例如组织体检、利用个案、小组和社区等社会工作专业方法帮助五保对象认识、解决心理问题等;社会关系系统包括各种人际关系的改善,保障五保对象的权益,协调五保对象与机构工作人员之间、与亲属之间、与原村干部之间、五保对象之间的关系;精神系统主要是发展五保对象的兴趣爱好,倡导适合他们的娱乐活动。虽然集中供养是五保供养工作的趋势,但是仍有一半左右的五保对象还是选择居家生活。但是居家并不等于他们有足够的生活自理能力照顾自己。福利院在完成对集中供养的五保对象的需求基础上,也应当承担起对分散供养的五保对象的一部分工作,例如提供及时便捷实用的照顾支援,提供政策宣

传和社区服务机构的各种信息，做好需求评估和转介工作，为服务对象寻找可提供支持的志愿者，暂时托管与照顾、送餐服务、定期探望、信息提供等，也可以减少村民对福利院的误解。对分散供养的五保对象的探访可以作为院内社会工作者的外展工作内容。

为五保对象照顾者提供培训和支持。在福利院内，联系资源培训照顾者的照顾技能，促进照顾者对五保对象的了解，处理照顾者的情绪困扰和照顾压力等；在外展工作中，在分散供养的五保对象生活所在地倡导邻里关爱和社区照顾。当前活跃在各类服务机构中的志愿者群体中，大学生是一支不容忽视的力量。城市近郊的有条件的福利院可以充分利用大学生和高校资源。但是由于福利院通常很少位于高校附近，所以更应该发动社区其他居民，使福利院能够更好地融入社区。当前的福利院工作人员一般会针对所在乡镇的潜在的资源进行一定的劝募活动，主要是货币或者实物资助，未来的发展中可以除货币形式的劝募之外，还可以动员社区居民为五保对象提供非物质性的帮助，例如协助新入住五保对象了解社区、定期探望、暂时照顾等。逐步建立志愿者系统，除了培训志愿者之外，也要成为志愿者的支持系统。

联结社会资源。社会资源广义上指一切自然物质资源和社会文化制度等，例如经济、法律、医疗以及社会福利组织与制度等所有能够满足人类生活需要的各项措施。物质资源具有有形性，包括物力、财力、活动空间等，例如惠及湖北DY福利院五保对象的慈善"温暖工程"项目，解决乡镇福利院冬天安全取暖和热水洗澡的问题；社会文化等资源属于无形资源，包括人力支持、社区资讯等。社会资源存在较大城乡分配不均的现象，地处乡镇等偏远地区的弱势群体及其服务机构本身拥有的资源数量较少，而针对五保对象的资助与支持更加缺乏。因此更需要社会工作者的倡导与引进资源。一方面拓展社会捐赠服务，倡导助老爱老为老服务，提高政府、企业和社会捐赠的积极性，同时提倡资金捐助、实物捐助之外的时间捐助或劳务捐助；另一方面社会工作者可以引导五保对象加强社会联系，促进他们的社会参与。

第七章 本书的结论与不足

第一节 本书的主要结论

本研究运用社会保障、社会学和社会工作等相关理论,通过对四川、湖北两地的部分五保对象的结构式与非结构式访谈、参与式观察等方法收集研究资料,从五保对象自身需求出发,对2006年新《农村五保供养工作条例》进行了政策解读,并分析了新《农村五保供养工作条例》颁布实施以来,五保对象在经济方面需求的满足状况以及建立在经济需求获得满足或部分满足之后五保对象的非经济需求,并因应五保对象的实际需求,提出相应的对策和五保供养制度的评估指标。

一 五保供养制度在不断发展与完善

五保供养制度从20世纪50年代初具雏形到2006年颁布新的《农村五保供养工作条例》,经历了五十多年的变迁,也不断地发展与完善。尤其是比较1994年和2006年新旧《农村五保供养工作条例》,可以发现,农村五保供养工作改变了五保供养资金的融资渠道,完成了由集体福利事业、社区内部互助向国家社会保障的性质转变,五保标准制定更加科学,五保对象的审批程序更加合理,而且强调了对相关部门的法律约束和监督管理,强调了政府在五保供养体系中的责任。

但是在五保供养制度的实际执行中，依然存在一定的不足，例如五保对象的界定难以操作化，在审批程序中如何兼顾五保对象个人尊严问题，五保供养形式选择中的自主性问题等。

二 五保对象的经济需求保障状况

五保对象经济方面的需求基本得到满足，尤其在保吃方面。但是不同供养形式的五保对象经济满足状况不同。相对而言，集中供养的五保对象更能够实现衣食住医葬等方面的五保要求，其中五保对象对保医方面的满意度稍低；分散供养的五保对象基本能够保吃，但是在保医、保住等方面有较大需求，还有个别五保对象的保住问题难以落实。但是在五保供养内容上一些现象值得思考与关注，例如五保对象在饮食上的偏好肥肉的误区，虽然部分五保对象并未表述医疗保健的更多需求，但是观察中能够发现存在这方面的需求。另外，虽然福利院或者村委会都对过世的五保对象"保葬"，但是不少五保对象还是担心自己的身后事，尤其是部分集中供养五保对象不时面临同伴的离世，除了需要哀伤处理之外，自然会考虑自己的后事，应该做好临终关怀服务，满足临终老人的心愿，让老人有尊严地离开。

三 五保对象的非经济需求保障状况

五保对象的非经济需求保障中，按规定照顾需求应该属于五保供养内容。集中供养五保对象的日常照顾和医疗照顾都比分散供养五保对象更有保障，而亲属在医疗照顾中更能发挥作用。但总体上五保对象的照顾需求支持不足，主要表现为亲属照顾的缺失、邻里相助的缺少和正式社会支持的缺位。造成这一现象的原因也和五保对象本身，尤其是分散供养五保对象对照顾需求的表达不强，与我国隐忍、自足的文化传统有关。

五保对象的精神慰藉方面，多数五保对象的人际交往范围小、频率低，即使是与亲属的互动也不多，他们与村干部的交往更少，对村干部的评价不高，五保对象彼此之间的关怀与支持也相对有限。

五保对象的休闲娱乐形式单一，主要是聊天、打牌，受文化程度低和休闲习惯的影响，读书看报甚至看电视的休闲方式很少见。虽然五保对象有一定的医疗保健需求，但是他们没有形成健身习惯，而且五保对象很少表达自己在休闲娱乐方面也有需求，认为那样就太"不知足"了。

五保对象社会参与的机会不多，分散供养五保对象实际参与的活动比集中供养五保对象多，而且自愿性高。集中供养的五保对象通常是受经济状况的推动参与福利院的有偿劳动，对于无偿的家务劳动积极性不高。

四 完善农村五保对象的社会保障政策选择

为了完善农村五保对象的各项社会保障政策，要兼顾到与五保对象相关的其他社会制度的协调，例如最低生活保障制度、农村合作医疗制度、农村医疗救助制度、残疾人保障法、农村计划生育政策尤其是计划生育奖励政策等，还要明确在五保供养政策中各部分的责任与作用不同，政府在五保供养体系中要承担主要责任，包括筹资、倡导社区参与和非政府组织的参与、监督政策实施过程与效果评估等，要充分发挥村级组织和村庄社区的互助责任，积极倡导非政府组织在五保供养体系中发挥作用，同时要兼顾五保对象自身资源的使用。

为了对五保对象保障政策的实施过程与实施效果进行评估，作为政策贯彻实施或者改善革新的依据，应该制定明确的评估指标，例如五保供养的政策宣传、资格认定、发放过程、生活保障状况等。由于供养标准不同，保障目标群体不同等原因，本研究不赞成将五保供养保障政策纳入农村最低生活保障制度。因为五保对象本身的脆弱性，应该作为一个单独的保障制度存在，否则可能会降低五保对象原本就不高的保障水平。

第二节　本书的不足

　　作为一项对当前社会保障政策实施状况的研究，受研究视角、研究内容、研究者水平等方面的影响，本书不可避免地存在一些不足和局限，争取在以后的研究中进行弥补与纠正。

　　对五保对象的非结构式访谈是本研究主要的收集资料的方法，受到研究者水平和研究人力、物力、时间等客观因素的制约，访谈资料挖掘不够深入。

　　笔者首先在四川成都温江区进行了为时一个月的调查，主要是非结构式访谈为主。访谈的WC镇福利院五保对象较多，由于是WC镇是当地的新农村建设示范点，而且位于省会城市近郊，所以经济保障水平较高。因此本书又根据立意抽样的原则，同时考虑到研究的实际成本，选择了经济相对不发达的湖北宜昌地区的两个城市进行访谈。但是访谈地点差别很大，除了保障水平的差异之外，五保对象人数、五保对象访谈难度等都有较大差别，也直接导致了结构式访谈数据的不足。

　　同时由于访谈主要是在四川和湖北两省进行，而这两省在五保供养形式选择上都倾向于实现对五保对象的集中供养，因此难以概况其他地区的五保供养状况。

　　由于本书涉及了五保对象的经济需求，主要是五保内容的保障，同时考察在经济需求得到满足或部分满足的基础上五保对象是否会产生非经济方面的需求，这些非经济方面的需求保障途径有哪些，社会保障制度可以为此做出哪些努力等，同时本研究还要考察五保对象对保障政策实施过程和效果的评价状况，因此内容较多。范围较广的研究内容，加上调查地点的分散以及分散供养、集中供养两类五保对象的需求保障状况有较大不同，因此本书在对上述几方面进行整合的时候难免有些力不从心。

第三节　研究的展望

五保对象是我国生活最困难的社会弱势群体，保障这一群体的生活是社会公平之所在。

本书重在从五保对象自身角度出发，衡量五保供养制度的得失，但是与农村五保对象相关政策之间的关系梳理是值得进行理论和实践研究的内容，而且政府在建立完善的社会保障制度中的角色不应该仅仅是作为资金或实际物质的发放者，服务传递也是一个重要的研究议题。社会保障制度的目标是保障公民更好的生活，最终还是要落在为公民提供服务的基础上，所以社会工作、社会服务是社会保障环节的延伸，应当为五保对象提供物质和非物质方面的各种服务，让这一群体感受到尊严与充实，从而能够更好地融入社会。

参考文献

包蕾萍：《中国计划生育政策50年评估及未来方向》，《社会科学》2009年第6期。

常明明：《五十年来农村五保供养制度变迁研究》，《内蒙古社会科学》2006年第6期。

陈秋明：《农村五保供养对象的年龄能否量化》，《中国民政》2006年第6期。

陈文庆：《五保村建设是社会制度正义的实践诠释》，《桂海论丛》，2007。

陈向明：《质的研究方法与社会科学研究》，教育科学出版社，2000。

程文娟：《我国五保集中供养老年福利的调查和思考——以河南、湖北和云南为例》，《今日湖北》（理论版）2007年第4期。

崔乃夫：《当代中国的民政》（下），当代中国出版社，1994。

邓大松、林毓铭、谢圣远等：《社会保障理论与实践发展研究》，人民出版社，2007。

邓荆云：《老年护理》，高等教育出版社，2005。

邓新华、袁伦渠：《国外社会救助制度简述》，《中国劳动》2007年第12期。

丁建定：《社会福利思想》（第二版），华中科技大学出版社，

2009。

丁建定:《英国现代社会保障制度的建立》(1870~1914),《史学月刊》2002年第3期。

杜开宗:《统筹城乡救助均衡发展 努力提高五保供养水平》,《中国民政》2009年第7期。

顿耀斌:《农村五保集中供养的几个政策问题》,《中国民政》2006年第2期。

多吉才让:《努力构筑具有中国特色的社会救助体系》,《中国民政》2001年第8期。

风笑天:《社会学研究方法》,中国人民大学出版社,2001。

高鉴国、黄智雄:《中国农村五保救助制度的特征——兼论国家与社区的关系》,《社会科学》2007年第6期。

公维才:《我国农村"五保"老人供养的困境与出路》,《聊城大学学报》(社会科学版)2006年第1期。

龚维斌:《突破五保供养困境的新探索——广西五保村建设及其对政府管理的启示》,《国家行政学院学报》2005年第5期。

贡森、王列军:《农村五保供养工作的政策分析与建议》,《社会福利》2003年第12期。

贡森、王列军、佘宇:《农村五保供养的体制性问题和对策——以山东省为例》,《江苏社会科学》2004年第3期。

顾定洋:《提高农村五保集中供养率的难点与对策》,《中国民政》2006年第7期。

顾昕、降薇:《税费改革与农村五保户供养融资体系的制度化》,《江苏社会科学》2004年第3期。

顾昕、降薇:《五保供养工作困难的制度约束及改革设想》,《社会福利》2003年第12期。

顾昕、降薇、张秀兰:《社会安全网的再编织:农村五保供养工作的困境与转型》,《公共管理评论》2004年第2期。

郭金亮、丁桂枝:《论我国当代老年人的精神需求》,《求索》

2003年第4期。

国务院：《农村五保供养工作条例》，http://www.chinacourt.org/flwk/show.php?file_id=18909，1994。

国务院：《农村五保供养工作条例》，《时政文献辑览》2006年第6期。

洪大用：《转型时期中国社会救助》，辽宁教育出版社，2004。

洪大用、房莉杰、邱晓庆：《困境与出路：后集体时代农村五保供养工作研究》，《中国人民大学学报》2004年第1期。

胡冬青：《对涉及农村五保供养资金职务犯罪的探讨分析》，《现代商业》2009年第6期。

胡幼慧：《质性研究——理论、方法及本土女性研究实例》，台北：巨流图书公司，1996。

黄岩、戴黍：《从集体福利到公共财政：五保供养政策范式转变的挑战——以广州东部M市为例》，《学术研究》2008年第8期。

江立华、陈雯：《人口与计划生育奖励制度的历程回顾》，《人口与发展》2009年第3期。

姜建才：《如何解决农村五保供养"四低"问题》，《中国民政》2005年第1期。

焦亚波：《关于完善农村"五保户"供养制度的探讨》，《市场与人口分析》2006年第3期。

景天魁等：《社会公正理论与政策》，社会科学文献出版社，2004。

李本公：《"十一五"农村五保供养对象集中供养率将达50%》，《农村百事通》2007年第4期。

李春根、赖志杰：《农村五保集中供养不宜绝对》，http://www.agri.gov.cn/jjps/t20080218_972411.htm，2008。

李春根、赖志杰：《我国农村五保供养制度：回顾和评述》，《沈阳师范大学学报》（社会科学版）2009年第1期。

李春根、赖志杰：《新时期我国农村五保供养制度存在的问题与完善对策》，《山东财政学院学报》2008年第2期。

李巨开、彭先友、郭欣：《常德市提高农村五保集中供养水平》，《中国民政》2005年第5期。

李瑞德：《一项关于农村五保供养制度的实证研究——以闽北地区为例》，《市场与人口分析》2007年第2期。

李松柏：《老年人的需求及其社会支持》，《人口与经济》（增刊）2002年第10期。

李宗华：《近30年来关于老年人社会参与研究的综述》，《东岳论丛》2009年第8期。

李宗金、邹先胜、谭志虎：《提高山区农村五保集中供养水平的有效途径》，《中国民政》2005年第9期。

刘光建、姚志：《农村五保供养的问题与对策》，《中国民政》2002年第2期。

刘剑：《完善我国"五保"供养制度的思考》，《经营管理者》2010年第6期。

刘宇平：《定南县五保人员实行全县集中供养》，《农村财政与财务》2005年第1期。

刘泽选：《提高贫困县农村五保对象集中供养率的途径》，《中国民政》2007年第9期。

鲁延宏：《宁夏近半农村孤寡老人集中供养》，《宁夏日报》2008。

吕宝静：《老人照顾：老人、家庭、正式服务》，台北：五南图书出版公司，2001。

吕新萍：《养老院老人的需求与养老机构的专业化——对北京市某养老院的个案研究》，《人口与经济》2004年第1期。

洛克：《政府论》（下），叶启芳译，商务印书馆，1997。

马会军：《农村"五保"散养问题不少》，《乡镇论坛》2007年第17期。

马克思、恩格斯：《马克思恩格斯全集》（第42卷），人民出版社，1979。

马克思、恩格斯：《马克思恩格斯选集》（第3卷），人民出版社，1972。

马克思、恩格斯：《马克思恩格斯选集》（第1卷），人民出版社，1972。

毛绍烈：《五保供养方式改革及意义》，《中国民政》2003年第11期。

民政部：《民政统计季报》，http://files.mca.gov.cn/cws/201004/20100428161511105.htm，2010。

民政部五保工作调研组：《中国五保大调查》，《中国减灾》2004年第1期。

民政部政策研究室：《中国农村社会保障》，1997。

明艳：《老年人精神需求"差序格局"》，《南方人口》2000年第2期。

彭聃龄：《普通心理学》（修订版），北京师范大学出版社，2004。

全根先：《中国民政工作全书》，中国广播电视出版社，1999。

宋辉：《西部丘陵地区农村孤寡老人养老状况探究——以重庆斩龙村为个案》，《安徽农业科学》2008年第8期。

宋士云：《1949~1978年中国农村社会保障制度透视》，《中国经济史研究》2003年第3期。

宋士云：《1956~1983年集体经济时代农村五保供养制度初探》，《贵州社会科学》2007年第9期。

苏振芳：《社会保障概论》，中国时代经济出版社，2001。

孙鹃娟：《北京市老年人精神生活满意度和幸福感及其影响因素》，《中国老年学杂志》2008年第3期。

汤丽丽：《徐州市农村"五保"供养现状及问题》，《南京人口管理干部学院学报》2007年第1期。

汤鸣：《肥西县农村孤寡老人生活现状分析》，《现代农业》2007年第11期。

唐艳光、薛福生、姚卫光：《农村孤寡老人生活质量调查》，《公共卫生与预防医学》2008年第5期。

童奇：《心理与教育研究方法》，北京师范大学出版社，2004。

汪文新、毛宗福、杨玉茹等：《不同供养环境对农村五保老人心理健康影响》，《中国公共卫生》2006年第4期。

王翠绒、刘亦民：《公平底线：农村孤寡老人最低生活保障研究——以湖南两县的实证调查为例》，《湖南师范大学社会科学学报》2008年第6期。

王德文、叶文振、朱建平等：《高龄老人日常生活自理能力及其影响因素》，《中国人口科学》2004（增刊）。

王德文、张恺悌：《中国老年人口的生活状况与贫困发生率估计》，《中国人口科学》2005年第1期。

王磊：《人力资源管理》，北京大学出版社，2001。

王雁：《我国老年人的需求矛盾及老年福利服务发展方向》，《山西青年管理干部学院学报》2001年第2期。

吴晓林、牛磊：《脆弱性：农村五保老人的特质——来自湖南省农村五保养老问题的实证研究》，《甘肃农业》2006年第11期。

吴晓林、万国威：《新中国成立以来五保供养的政策与实践：演进历程与现实效度》，《西北人口》2009年第五期。

项为民、陈伟极：《仙居县基本实现五保集中供养》，《中国民政》2004年第3期。

肖林生：《农村五保供养制度变迁研究：制度嵌入性的视角》，《东南学术》2009年第3期。

肖林生、温修春：《农村五保供养研究述评》，《长沙民政职业技术学院学报》2008年第4期。

杨善华、贺常梅、刘曙光：《责任伦理与城市居民的家庭养老——以"北京市老年人需求调查"为例》，《北京大学学报》

（哲学社会科学版）2004年第1期。

  杨团、张时飞：《当前我国农村五保供养制度的困境与出路》，《江苏社会科学》2004年第3期。

  余福、严浩、王梦萍：《建立"五保"供养新机制刻不容缓》，《社会福利》2003年第5期。

  袁长春、喻兆安：《萍乡市农村特困群众救助和五保供养情况的调查》，《社会工作》2004年第7期。

  袁国清：《临海市努力推进农村五保集中供养工作》，《中国民政》2005年第12期。

  张廷登：《广西农村五保供养方式的创新之举》，《中国民政》2004年第3期。

  张文兵：《"五保"制度：从互助共济到政府救助进程中的问题与对策》，《经济研究参考》2007年第45期。

  张秀兰、徐月宾：《农村五保供养制度化的框架分析》，《江苏社会科学》2004年第2期。

  张雪霞：《成都市养老院老年人需求状况调查研究》四川大学护理学硕士学位论文，2006。

  赵瑞政等：《中国农民养老保障之路》，黑龙江人民出版社，2002。

  赵世宇、魏峰：《东营集中供养农村五保老人》，《乡镇论坛》2003年第7期。

  郑秉文、孙婕：《社会保障制度改革的一个政策工具："目标定位"》，《中央财经大学学报》2004年第8期。

  郑风田、阮荣平、刘力：《风险、社会保障与农村宗教信仰》，《经济学》2010年第9卷第2期。

  郑功成：《中国社会保障30年》，人民出版社，2008。

  郑功成等：《中国社会保障制度变迁与评估》，中国人民大学出版社，2002。

  周明政：《提高五保集中供养率措施之我见》，《社会工作》

2005年第10期。

周绍斌:《从物质保障到精神保障——老年保障的新趋势》,《福建论坛》(人文社会科学版) 2007年第7期。

朱军红、汪文新、郭珍立:《农村分散供养五保老人的心理健康研究》,《中华医学会精神病学分会第七届学术年会论文摘要集》, 2006。

庄元明:《农村五保供养和福利院管理的法律思考》,《中国民政》 2003年第7期。

邹文开:《我国"五保"供养制度的沿革及其前景分析》,《求索》 2004年第1期。

左高山、吴晓林:《农村"五保"老人的生存权及其道德辩护》,《道德与文明》 2009年第1期。

Diamond. P. A. (1977). *A Framework for Social Security Analysis*, Journal of Public Economics, vol. 8.

Douglas H. Jones. (1998). Computational Models of Social Security: A Survey, International Symposium on Establishing a Market-Oriented Social Security System in China, June 23 - 24, in Beijing, China.

George E. Rejda. (1988). *Social Insurance and Economic Security*,

Gord White. (1994). Civil Society, Democratation and Development, Democratization, No. 3.

Gordon. M. S. (1988). *Social Security Policies in Industrial Countries*, Cambridge University Press.

Gramlich. E. (1996). *Different Approaches for Dealing with Social Security*, Journal of Economic Perspectives.

Greenberg, M. P., Greenberg, G. B. and Mazza, L. (2010). *Food Pantries, Poverty, and Social Justice. American Journal of Public Health*, 100, vol. 11, 2021.

Herry J. Aron. (2000). The Chinese Social Insurance Reform:

Personal Security and Economic Growth, The Paper for International Symposium on China Security, June 23 - 24, 1998, Bing, China143. ILO. Social Security Principles, 1998

  Laurence J. Kotlikoff. (1998). Social Security and Real Economy: Evidence and Policy Implications. *American Economic Reviews*.

  Lester M. Salamon. (1999). *Global Civil Society: Dimensions of the Nonprofit Sector*, The Johns Hopkins Center for Civil Society Studies.

  Lois Bryson. (1992). *Welfare and The State*, St. Martin's Press, New York.

  Mart Feldstein. (1998). *Privatizing Social Security*, The University of Chicago Press.

  Nicholas Barr. (1998). *The Economics of The Welfare State*, third edition, Oxford University Press.

  Per-Olov Johansson. (1996). *An Introduction to Modern Welfare Economics*, Cambridge University Press.

  Salvador Valdes-Prieto. (1997). *The Economics of Pensions: Principles, Policies, and International Experience*, Cambridge University Press.

  Standing. G. (2000). Towards a Charter on Economic Security. Paper presented at ILO In Focus Programme on Socio-Economic Security Seminar, Bellagio, March. 6 - 9.

  Sykes. R, Palier. B., Prior. P. (2001). *Globalization and the European Welfare States: Challenges and Change*, Basingstoke: Palgrave.

  Taylor. L. (2000). *External Liberalization, Economic Performance and Social Policy*, New York: Oxford University Press.

附录1　访谈提纲

一、民政干部：
1. 五保对象的审批程序。
2. 当地的应保尽保率。
3. 五保资金发放标准和实际发放金额。
4. 除现金和实物之外，是否有其他帮助。

二、村干部
1. 五保户的确认标准（什么情况符合五保标准）。
2. 五保户的确认程序。
3. 该村五保户数目，其中分散供养和福利院的人数。
4. 五保户的补助标准，进入福利院和居家五保户在供养标准上是否存在差异？
5. 五保户的日常生活是否需要照顾？生病住院呢？
6. 五保户入住福利院之后原有的财产和土地应如何处置？
7. 乡镇、村委会在对五保户的支持中各自扮演何种角色，有何职责。

三、福利院干部
1. 福利院历史（年份/搬迁史/入住率等，占地、格局等，是否代养老人等）。
2. 现状：人事编制以及工作人员的选拔、培训与福利，入住五保对象的要求和程序，现有人数，男女比例，生活状况（吃穿住医葬五个方面），资金来源（是否充足？不足部分如何解决？）、主要支出等。

3. 福利院硬件设施（食堂、澡堂、降温取暖设备、阅览室、健身器材……）。

4. 五保对象通过什么途径获得福利院信息？入住时谁会陪同？其原有财产通常如何处理？

5. 五保对象日常消费有哪些？福利院负责哪些？

6. 福利院运行中的困难是什么？

四、分散供养的五保对象

（一）个人基本情况。

1. 年龄、性别、教育背景、家庭人口、土地拥有、居住状况（是否自己的房屋）等。

2. 身体状况（是否患病，躯体活动能力、听力、视力等）：应付日常生活的能力（穿衣、洗澡、室内活动、上厕所、吃饭等）、是否需要借助医疗辅助工具应付日常生活、睡眠状况等。

（二）政策方面

标准、审批程序、实际发放、除钱之外是否还有其他资助？何时开始领取补助？

（三）家庭和社会支持

1. 亲属居住距离、看望频率、收入状况。

2. 经济需求除政府外，通常谁会帮助？

3. 日常生活谁提供帮助？（洗衣、做饭、挑水、砍柴……）

4. 生病时谁提供照顾？

5. 平时做什么消遣？和谁一起？心情不好时喜欢找谁？

（四）环境领域

1. 生活费主要来源？日常支出状况？

2. 金钱是否充足？不足部分如何满足？

3. 居住状况？对居住条件的满意度？居住需求？

4. 是否加入新农村合作医疗？医疗费用如何解决？

（五）

1. 居住意愿？集中供养或者分散供养？为什么？
2. 对福利院的看法。
3. 从何途径了解福利院的相关信息？
4. 入住福利院，财产和土地如何处置？

五、福利院五保对象

（参照分散供养五保对象的访谈提纲，并增加以下内容）

1. 入住福利院的时间。
2. 当时的财产如何处理的？
3. 对五保内容的了解和评价。
4. 零花钱金额和主要支出。
5. 满意度（五保内容、福利院硬件软件等）。
6. 五保政策的了解状况（渠道、熟悉等）。
7. 其他需求（改进建议，包括对政策、福利院等）。
8. 与分散供养的整体比较。
9. 与其他五保对象的相处情况。

附录2 农村五保供养工作条例

［公布机关］国务院　　　［文（令）号］第456号令
［公布日期］2006.1.21　　［类　别］社会·社会救济
［施行日期］2006.3.1
［同时废止法规］1994年《农村五保供养工作条例》

第一章　总则

第一条　为了做好农村五保供养工作，保障农村五保供养对象的正常生活，促进农村社会保障制度的发展，制定本条例。

第二条　本条例所称农村五保供养，是指依照本条例规定，在吃、穿、住、医、葬方面给予村民的生活照顾和物质帮助。

第三条　国务院民政部门主管全国的农村五保供养工作；县级以上地方各级人民政府民政部门主管本行政区域内的农村五保供养工作。

乡、民族乡、镇人民政府管理本行政区域内的农村五保供养工作。

村民委员会协助乡、民族乡、镇人民政府开展农村五保供养工作。

第四条　国家鼓励社会组织和个人为农村五保供养对象和农村五保供养工作提供捐助和服务。

第五条　国家对在农村五保供养工作中做出显著成绩的单位和个人，给予表彰和奖励。

第二章　供养对象

第六条　老年、残疾或者未满16周岁的村民，无劳动能力、无生活来源又无法定赡养、抚养、扶养义务人，或者其法定赡养、抚养、扶养义务人无赡养、抚养、扶养能力的，享受农村五保供养待遇。

第七条　享受农村五保供养待遇，应当由村民本人向村民委员会提出申请；因年幼或者智力残疾无法表达意愿的，由村民小组或者其他村民代为提出申请。经村民委员会民主评议，对符合本条例第六条规定条件的，在本村范围内公告；无重大异议的，由村民委员会将评议意见和有关材料报送乡、民族乡、镇人民政府审核。

乡、民族乡、镇人民政府应当自收到评议意见之日起20日内提出审核意见，并将审核意见和有关材料报送县级人民政府民政部门审批。县级人民政府民政部门应当自收到审核意见和有关材料之日起20日内作出审批决定。对批准给予农村五保供养待遇的，发给《农村五保供养证书》；对不符合条件不予批准的，应当书面说明理由。

乡、民族乡、镇人民政府应当对申请人的家庭状况和经济条件进行调查核实；必要时，县级人民政府民政部门可以进行复核。申请人、有关组织或者个人应当配合、接受调查，如实提供有关情况。

第八条　农村五保供养对象不再符合本条例第六条规定条件的，村民委员会或者敬老院等农村五保供养服务机构（以下简称农村五保供养服务机构）应当向乡、民族乡、镇人民政府报告，由乡、民族乡、镇人民政府审核并报县级人民政府民政部门核准后，核销其《农村五保供养证书》。

农村五保供养对象死亡，丧葬事宜办理完毕后，村民委员会或者农村五保供养服务机构应当向乡、民族乡、镇人民政府报告，由乡、民族乡、镇人民政府报县级人民政府民政部门核准后，核销其《农村五保供养证书》。

第三章　供养内容

第九条　农村五保供养包括下列供养内容：
（一）供给粮油、副食品和生活用燃料；
（二）供给服装、被褥等生活用品和零用钱；
（三）提供符合基本居住条件的住房；
（四）提供疾病治疗，对生活不能自理的给予照料；
（五）办理丧葬事宜。

农村五保供养对象未满16周岁或者已满16周岁仍在接受义务教育的，应当保障他们依法接受义务教育所需费用。

农村五保供养对象的疾病治疗，应当与当地农村合作医疗和农村医疗救助制度相衔接。

第十条　农村五保供养标准不得低于当地村民的平均生活水平，并根据当地村民平均生活水平的提高适时调整。

农村五保供养标准，可以由省、自治区、直辖市人民政府制定，在本行政区域内公布执行，也可以由设区的市级或者县级人民政府制定，报所在的省、自治区、直辖市人民政府备案后公布执行。

国务院民政部门、国务院财政部门应当加强对农村五保供养标准制定工作的指导。

第十一条　农村五保供养资金，在地方人民政府财政预算中安排。有农村集体经营等收入的地方，可以从农村集体经营等收入中安排资金，用于补助和改善农村五保供养对象的生活。农村五保供养对象将承包土地交由他人代耕的，其收益归该农村五保供养对象所有。具体办法由省、自治区、直辖市人民政府规定。

中央财政对财政困难地区的农村五保供养，在资金上给予适当补助。

农村五保供养资金，应当专门用于农村五保供养对象的生活，任何组织或者个人不得贪污、挪用、截留或者私分。

第四章　供养形式

第十二条　农村五保供养对象可以在当地的农村五保供养服务机构集中供养，也可以在家分散供养。农村五保供养对象可以自行选择供养形式。

第十三条　集中供养的农村五保供养对象，由农村五保供养服务机构提供供养服务；分散供养的农村五保供养对象，可以由村民委员会提供照料，也可以由农村五保供养服务机构提供有关供养服务。

第十四条　各级人民政府应当把农村五保供养服务机构建设纳入经济社会发展规划。

县级人民政府和乡、民族乡、镇人民政府应当为农村五保供养服务机构提供必要的设备、管理资金，并配备必要的工作人员。

第十五条　农村五保供养服务机构应当建立健全内部民主管理和服务管理制度。

农村五保供养服务机构工作人员应当经过必要的培训。

第十六条　农村五保供养服务机构可以开展以改善农村五保供养对象生活条件为目的的农副业生产。地方各级人民政府及其有关部门应当对农村五保供养服务机构开展农副业生产给予必要的扶持。

第十七条　乡、民族乡、镇人民政府应当与村民委员会或者农村五保供养服务机构签订供养服务协议，保证农村五保供养对象享受符合要求的供养。

村民委员会可以委托村民对分散供养的农村五保供养对象提供照料。

第五章　监督管理

第十八条　县级以上人民政府应当依法加强对农村五保供养工作的监督管理。县级以上地方各级人民政府民政部门和乡、民族乡、镇人民政府应当制定农村五保供养工作的管理制度，并负责督促实施。

第十九条　财政部门应当按时足额拨付农村五保供养资金，确保资金到位，并加强对资金使用情况的监督管理。

审计机关应当依法加强对农村五保供养资金使用情况的审计。

第二十条　农村五保供养待遇的申请条件、程序、民主评议情况以及农村五保供养的标准和资金使用情况等，应当向社会公告，接受社会监督。

第二十一条　农村五保供养服务机构应当遵守治安、消防、卫生、财务会计等方面的法律、法规和国家有关规定，向农村五保供养对象提供符合要求的供养服务，并接受地方人民政府及其有关部门的监督管理。

第六章　法律责任

第二十二条　违反本条例规定，有关行政机关及其工作人员有下列行为之一的，对直接负责的主管人员以及其他直接责任人员依法给予行政处分；构成犯罪的，依法追究刑事责任：

（一）对符合农村五保供养条件的村民不予批准享受农村五保供养待遇的，或者对不符合农村五保供养条件的村民批准其享受农村五保供养待遇的；

（二）贪污、挪用、截留、私分农村五保供养款物的；

（三）有其他滥用职权、玩忽职守、徇私舞弊行为的。

第二十三条 违反本条例规定，村民委员会组成人员贪污、挪用、截留农村五保供养款物的，依法予以罢免；构成犯罪的，依法追究刑事责任。

违反本条例规定，农村五保供养服务机构工作人员私分、挪用、截留农村五保供养款物的，予以辞退；构成犯罪的，依法追究刑事责任。

第二十四条 违反本条例规定，村民委员会或者农村五保供养服务机构对农村五保供养对象提供的供养服务不符合要求的，由乡、民族乡、镇人民政府责令限期改正；逾期不改正的，乡、民族乡、镇人民政府有权终止供养服务协议；造成损失的，依法承担赔偿责任。

第七章　附则

第二十五条 《农村五保供养证书》由国务院民政部门规定式样，由省、自治区、直辖市人民政府民政部门监制。

第二十六条 本条例自 2006 年 3 月 1 日起施行。1994 年 1 月 23 日国务院发布的《农村五保供养工作条例》同时废止。

附录3 农村五保供养工作条例

【发布单位】国务院　　【发布文号】国务院令第141号
【发布日期】1994-01-23　【生效日期】1994-01-23
【失效日期】2006-03-01　【所属类别】国家法律法规
【文件来源】中华人民共和国国务院令（第141号）
现发布《农村五保供养工作条例》，自发布之日起施行。

总理　李鹏
1994年1月23日

第一章　总则

第一条　为做好农村五保供养工作，保障农村五保对象的正常生活，健全农村的社会保障制度，制定本条例。

第二条　本条例所称五保供养，是指对符合本条例第六条规定的村民，在吃、穿、住、医、葬方面给予的生活照顾和物质帮助。

第三条　五保供养是农村的集体福利事业。农村集体经济组织负责提供五保供养所需的经费和实物，乡、民族乡、镇人民政府负责组织五保供养工作的实施。

第四条　在五保供养工作中做出显著成绩的人员，由地方人民政府给予表彰、奖励。

第五条 国务院民政部门主管全国的五保供养工作。

县级以上地方各级人民政府民政部门主管本行政区域内的五保供养工作。

第二章 五保供养的对象

第六条 五保供养的对象（以下简称五保对象）是指村民中符合下列条件的老年人、残疾人和未成年人：

（一）无法定扶养义务人，或者虽有法定扶养义务人，但是扶养义务人无扶养能力的；

（二）无劳动能力的；

（三）无生活来源的。

法定扶养义务人，是指依照婚姻法规定负有扶养、抚养和赡养义务的人。

第七条 确定五保对象，应当由村民本人申请或者由村民小组提名，经村民委员会审核，报乡、民族乡、镇人民政府批准，发给《五保供养证书》。

《五保供养证书》由国务院民政部门制定式样，省、自治区、直辖市人民政府民政部门统一印制。

第八条 五保对象具有下列情形之一，经村民委员会审核，报乡、民族乡、镇人民政府批准，停止其五保供养，收回《五保供养证书》：

（一）有了法定扶养义务人、且法定扶养义务人具有扶养能力的；

（二）重新获得生活来源的；

（三）已满16周岁且具有劳动能力的。

第三章 五保供养的内容

第九条 五保供养的内容是：

（一）供给粮油和燃料；

（二）供给服装、被褥等用品和零用钱；

（三）提供符合基本条件的住房；

（四）及时治疗疾病，对生活不能自理者有人照料；

（五）妥善办理丧葬事宜。

五保对象是未成年人的，还应当保障他们依法接受义务教育。

第十条 五保供养的实际标准，不应低于当地村民的一般生活水平。具体标准由乡、民族乡、镇人民政府规定。

第十一条 五保供养所需经费和实物，应当从村提留或者乡统筹费中列支，不得重复列支；在有集体经营项目的地方，可以从集体经营的收入、集体企业上交的利润中列支。

第十二条 灾区和贫困地区的各级人民政府在安排救灾救济款物时，应当优先照顾五保对象，保障他们的生活。

第四章 五保供养的形式

第十三条 对五保对象可以根据当地的经济条件，实行集中供养或者分散供养。

第十四条 具备条件的乡、民族乡、镇人民政府应当兴办敬老院，集中供养五保对象。

第十五条 敬老院实行民主管理，文明办院，建立健全服务和管理制度。

五保对象入院自愿，出院自由。

第十六条 敬老院可以开展农副业生产，收入用于改善五保对象的生活条件。地方各级人民政府和有关部门对敬老院的农副业生产应当给予扶持和照顾。

第十七条 实行分散供养的，应当由乡、民族乡、镇人民政府或者农村集体经济组织、受委托的扶养人和五保对象三方签订五保供养协议。

第五章 财产处理

第十八条 五保对象的个人财产，其本人可以继续使用，但是不得自行处分；其需要代管的财产，可以由农村集体经济组织代管。

第十九条 五保对象死亡后，其遗产归所在的农村集体经济组织所有；有五保供养协议的，按照协议处理。

第二十条 未成年的五保对象年满16周岁以后，按照本条例第八条规定停止五保供养的，其个人原有财产中如有他人代管的，应当及时交还本人。

第六章 监督管理

第二十一条 县级以上地方各级人民政府民政部门，应当制定五保供养工作的监督管理制度，并负责督促实施。

第二十二条 农村集体经济组织未按照本条例规定供养五保对象的，五保对象有权提出供养要求，县级人民政府民政部门应当督促农村集体经济组织限期纠正。

第二十三条 按照五保供养协议负有扶养义务的人拒绝扶养五保对象，情节恶劣构成犯罪的，依法追究刑事责任。

第二十四条 五保供养工作人员贪污、挪用五保供养款物的，县级人民政府民政部门应当责令其全部退还，并给予行政处分；构成犯罪的，依法追究刑事责任。

第七章 附则

第二十五条 本条例自发布之日起施行。

后 记

本书是在我 2010 年 8 月完成的华中科技大学社会保障专业博士学位论文《中国农村五保供养对象的需求及其保障研究》的基础上修改完成的。

首先我要感谢我的导师丁建定教授。当年有幸投身于丁建定教授门下，得到了丁建定教授在学习、工作和生活上的诸多指导与关爱，无论在为人还是为学方面都获益良多。丁建定教授学识渊博、治学严谨，但是也充分尊重学生的研究兴趣，兼顾学生特长。本文从研究选题到研究方案的制定，从访谈提纲到资料整理，从论文初稿到最后的定稿，都伴随着导师的指导与鼓励。在生活中，我更是得到来自丁建定教授和师母郭宏教授无微不至的关照，和他们接触的点滴总是提醒我，生活不是"剩"下半杯水，而是杯水"半满"。在无人的夜晚，忆起他们的话语或者品味着他们特意烹制的食物，总是忍不住潸然泪下。我庆幸自己在学习、工作和生活中能遇到这样的恩师。

其次我要感谢华中科技大学社会学系的各位老师。雷洪老师、吴中宇老师、陈恢忠老师、李华燊老师、石人炳老师、吴毅老师、贺雪峰老师、陈志霞老师、朱玲怡老师、张小山老师、郑丹丹老师、童铁山老师、鄢庆丰老师、王三秀老师、柯卉兵老师、周清平老师、邵丽霞老师、刘晶老师、周秀荣老师、张雯老师、曾娟老师……他们都是我多年的师长与同事，无论在工作还是学习中都给予我太多的帮助与支持。感谢社会学系和谐愉悦的氛围，令我在其中快乐地工作与学习。

感谢我的诸多学友。张倩、陈维佳、于大川、杨植强、郭林等，除了学术上的讨论之外，他们的支持与鼓励常常督促我、鞭策我。感谢朱雨欣同学为我的实地访谈提供了很多切实的帮助与建议，卫小将同学对我的研究选题提出了很多独特的见解。感谢我的好友曲平、戴军、邓拥军、范邕、陆宁、周军等，他们总在我倦怠的时候给我极大的鼓励。

我要对我的访谈对象给予最诚挚的感谢。写作中，总是能够忆起他们布满皱纹的平静的面孔，耳边总回响起他们或乐观或悲观的充满感情色彩的方言。感谢他们让我更加了解社会真实。愿他们都能得到健全的制度保障，能够快乐地安度晚年。

我还要感谢我的家人，感谢他们的奉献、支持与鼓励。感谢父母赐予我生命并含辛茹苦养育我成长，感谢两个姐姐伴随我、支持我、接纳我、鼓励我。特别要感谢的是我年幼的儿子，正是由于他的到来，为我的生活打开全新的一页，成为我努力学习、工作的最大动力。为了争取和他在一起的分分秒秒，我学会了有效地利用时间。

本书的出版得到了华中科技大学文科学术著作出版基金和社会学系学术出版基金的资助，感谢各位领导和同事的支持与帮助；感谢社会科学文献出版社的郑嬿女士和童根兴先生提供的帮助与支持，感谢他们付出的辛勤劳动！

感谢所有的读者并恳请各位批评指正。

2012 年 8 月

图书在版编目(CIP)数据

中国五保供养制度的创新与拓展：基于供养对象需求视角的研究/苗艳梅著．—北京：社会科学文献出版社，2012.9
　ISBN 978 – 7 – 5097 – 3698 – 2

　Ⅰ.①中… Ⅱ.①苗… Ⅲ.①农村 – 五保制度 – 研究 – 中国 Ⅳ.①F323.89

中国版本图书馆 CIP 数据核字（2012）第 194737 号

中国五保供养制度的创新与拓展
——基于供养对象需求视角的研究

著　　者 / 苗艳梅

出 版 人 / 谢寿光
出 版 者 / 社会科学文献出版社
地　　址 / 北京市西城区北三环中路甲29号院3号楼华龙大厦
邮政编码 / 100029

责任部门 / 社会政法分社（010）59367156　　责任编辑 / 盛爱珍　郑　嫣
电子信箱 / shekebu@ ssap.cn　　　　　　　 责任校对 / 陈　磊
项目统筹 / 童根兴　　　　　　　　　　　　　责任印制 / 岳　阳
经　　销 / 社会科学文献出版社市场营销中心（010）59367081　59367089
读者服务 / 读者服务中心（010）59367028

印　　装 / 北京季蜂印刷有限公司
开　　本 / 787mm × 1092mm　1/20　　　印　张 / 11.2
版　　次 / 2012年9月第1版　　　　　　　字　数 / 195千字
印　　次 / 2012年9月第1次印刷
书　　号 / ISBN 978 – 7 – 5097 – 3698 – 2
定　　价 / 39.00元

本书如有破损、缺页、装订错误，请与本社读者服务中心联系更换
▲ 版权所有　翻印必究